想象另一种教育的可能

日本教育观察笔记

大夏书系·教育观察

刘幸 著

本书为全国教育科学规划教育部青年课题"杜威来华新见史料的整理与研究"(EOA220549)的成果之一。

华东师范大学出版社
·上海·

图书在版编目（CIP）数据

想象另一种教育的可能：日本教育观察笔记／刘幸著.
—上海：华东师范大学出版社，2023
ISBN 978-7-5760-3615-2

I. ①想… II. ①刘… III. ①教育研究—日本 IV. ① G531.3

中国国家版本馆 CIP 数据核字（2023）第 217614 号

大夏书系 ｜ 教育观察

想象另一种教育的可能：日本教育观察笔记

著　者	刘幸
责任编辑	程晓云
责任校对	杨坤
装帧设计	奇文云海·设计顾问
出版发行	华东师范大学出版社
社　址	上海市中山北路 3663 号　邮编 200062
网　址	www.ecnupress.com.cn
电　话	021-60821666　行政传真 021-62572105
客服电话	021-62865537
邮购电话	021-62869887
地　址	上海市中山北路 3663 号华东师范大学校内先锋路口
网　店	http://hdsdcbs.tmall.com/
印刷者	北京季蜂印刷有限公司
开　本	700×1000　16 开
印　张	13.5
字　数	157 千字
版　次	2023 年 12 月第一版
印　次	2023 年 12 月第一次
印　数	4 100
书　号	ISBN 978-7-5760-3615-2
定　价	59.80 元
出版人	王焰

（如发现本版图书有印订质量问题，请寄回本社市场部调换或电话 021-62865537 联系）

001　序

第一辑
疫 情 之 下

003　教育也有"看门人"
007　让孩子们自在从容地洗手
011　新冠之下，日本教师的忧虑
014　没有完美的教育
017　被拒绝的身份
020　被打工耽误的人生
023　何谓"商务人士"？
026　樱花都没开，为什么要着急开学？
029　有一点"工夫"，就有一点教育
032　和奥运圣火一起被点燃的教育议题

第二辑
社 会 断 面

039　一句话，就能帮到一个孩子
042　小城，小图书馆
045　我所看到的看漫画的日本人
048　为什么是奶茶？
051　KTV里的日本人
055　有缘诺贝尔
058　人口辩证法

第三辑
学校日常

- 063　日本幼儿园的不言之教
- 067　学生为什么要给学校做清洁？
- 071　图鉴，日本的一种选择
- 074　孩子们的饭，校长们的天
- 078　有酒香的小学
- 082　"祭"的热闹与冷清
- 085　番薯和世界史
- 089　当地震袭来
- 092　为什么要把孩子放出来？
- 097　教科书是一种什么性质的东西？
- 100　金融也是一种能力
- 103　日本教师也有的苦楚
- 106　什么能培养出一个有趣的灵魂？

第四辑
经典深处

- 113　中日书店，不一样的阅读风景
- 116　专业化以及专业化下的尴尬：日本的教师阅读
- 120　历史烟云里的"小豆豆"
- 124　红楼无梦在扶桑
- 127　藤野先生
- 132　日本汉学的转轨：谈斯波六郎

第五辑

历 史 碎 片

- 141 日本人眼中的中国科举
- 145 莫理循,一百年
- 150 谁是裴斯泰洛齐?谁的裴斯泰洛齐?
- 154 新遗产,旧遗产
- 157 大三巴上的菊花纹
- 160 谁可以用笔写字?
- 164 文字即文化
- 169 教育可以让一个人站得有多高
- 174 杜威与日本:1919年的交错

第六辑

一 问 一 答

- 183 教师研修,既是义务,也是权利:对话古贺一博教授
- 187 广岛县立上下高中前校长小川英夫访谈
- 198 日本的女子大学:对话山田直之副教授

- 203 后 记

序

中国与日本是一衣带水的邻邦，两个国家共享太多文化基因，但又走过了截然不同的近代史历程。前者让我们感到亲近，后者则让我们感到疏远。因此，中日间的关系始终如钟摆一般，在两种情绪中摇摆。

这两种情绪都是真实的，也都是正常的。不过，2022年已经是中日两国恢复邦交五十周年了。五十年过去，两个国家的人民积累了太多的往来，彼此都成熟了太多，这种摇摇摆摆的关系，也理应再迈向一个更高、更成熟的台阶了。在这一点上，时常往来于两国之间的学者尤其应该有所作为，应当通过自己的研究与著述，增进彼此之间的理解，消融彼此之间的隔阂。很多时候，不能充分地相互理解，是制约两国关系的最大因素。我想，刘幸博士写下这些或长或短的教育笔记，就是想要做出他的一种努力吧。

日本教育的优长，中国人多少已经有所耳闻。日本的小孩普遍自立得早，小小年纪就能背着书包独自回家；日本孩子从小就学会了拆解用过的牛奶盒，知道资源回收利用的重要性；日本的国立大学近来年年斩获诺贝尔奖，保持着世界一流的科研水准。这些都是我们多少耳濡目染的。

刘幸的这些文章，似乎未曾止步于此，而是更充分地调动了他在日本的亲身见闻，为我们解释，这些成绩究竟是怎样一步一步做到的，它的背后需要整个社会哪些方面的合作与努力。

日本教育同样存在问题。例如，频发的"欺凌"和"不登校"现象；投入甚多但见效极慢的日式英语教育；严峻的"少子化"造成的学校废弛等。刘幸花了相当篇幅，来剖析日本教育中这类问题的成因和日本人的应对之策，这当中有成功的经验，也有失败的教训。

事实上，随着这些年中国社会的发展，我们越来越紧迫地认识到，过去那些看上去只困扰着日本的问题，今天也开始困扰中国教育界了，尤其像是"少子化"带给中国教育的冲击,就是一个非常棘手的难题。

从这个意义上讲,我们今天需要仔细研究和理解日本所经历过的教育波折,这是我们办好中国教育最宝贵的他山之石。

在中国教育界,我们最常提起的两个参照对象,其实就是美国和日本。有时候,我们虽然说美国教育如何如何,但我们也知道,美国社会和我们整体差异太大,很多教育方法不可能照搬。实则恰恰是日本,和我们共享东亚儒家的思想背景,面临着现代化过程中一些类似的难题,整个国家的教育体制又高度相仿,因此,其借鉴意义是不可比拟的。中国一线的教师那么推崇佐藤学教授的著作,不是没有道理的。

2000—2002年,我曾受教育部留学基金委公派,到日本名古屋大学从事博士后研究。那两年间,日本完备的教育立法、发达的社会教育体系、高度普及的"终身学习"理念,都曾经给我留下了深刻的印象。刘幸晚我十余年的时间,到日本留学,他所见到的日本教育已经多少和我所见到的有所不同了。所谓"日本教育",本身就是在历史长河中动态演变着的。刘幸所写的内容,有一部分源自他的亲身经历,还有相当一部分则源自他对史料文献的查证，往往将一些问题上溯到日本的 20 世纪 90 年代或者 60 年代。这恐怕还是因为他作为一名教育史领域的青年学者，对本专业有不能忘怀的地方吧。我也借撰写这篇小序的机会，再次感受到了教育史的魅力与价值之所在。

施克灿

2022 年 3 月 7 日

第一辑

疫情之下

教育也有"看门人"

2020年初,突如其来的新冠疫情在全球范围内扩散,全世界都被迫踏上了一场艰难的"抗疫"之旅,日本也不例外。当然,那时候我们所有人恐怕都不敢相信,在我最后校订此书的2022年初,这场艰难的战役依旧还没有传出胜利的号角。

学校,恐怕是现代生活当中人群最为集中的一种社会组织了,学生们普遍年纪小,免疫力较弱,因此,各国政府几乎都首先要求学校停课。

时任日本首相的安倍晋三在2020年2月27日晚上召开的新冠疫情对策本部会议上要求,从3月2日起到春假开始,日本所有的公立小学、初中和高中以及特别支援学校都采取"临时休学"措施。而后,鉴于疫情并未得到有效控制,"临时休学"也几次延后,到6月初,日本各地的学校才渐渐分阶段恢复了面对面的授课。如果细究日文原文的话,安倍晋三最开始用的是"要請"一词,大体可以翻译为"极为恳切地希望"。那么从理论上讲，如果只是"希望"，而非"命令"，学校是否可以不响应首相的这一希望呢？

没错，从政策操作的层面上讲，确实可以如此。

事实上，就在首相提出这一"希望"后不久，京都府教育委员会就表示，京都的停课时间要晚几天启动，另有一些县——在日本，"县"相当于中国的"省"——则表示因为本县没有出现感染者，会考虑考虑再说。这当中，最折腾的例子大概是佐贺县，本来按照首相的意思宣布了停课，一直到3月13日的时候，觉得疫情已经风平浪静了，就宣布在16日重新上课。不料，第二天佐贺县就出现了第一例感染患者，教育委员会因此不得不再度紧急叫停。一会儿要上课，一会儿不要上课，老师和孩子其实也不无怨言。

对大多数中国人而言，这种情形大概近乎一种"乱象"。但在这种"乱象"的背后，其实也藏着我们在理解日本教育现象时的一个隔阂，那就是日本教育的分权制度。

严格意义上讲，日本的政治是地方分权体制。这是"二战"以后，由美国人一手搭建起来的行政制度，目的是防止再次发生"二战"时期的那种帝国军事主义独裁现象。换言之，地方的行政管理由地方自行决定，并不直接受到中央政府的管辖。日本的教育体系同样在这套框架之内。尽管大致等同于中国教育部的"文部科学省"要总体负责全国的文教事业，但从法律的角度来说，"文部科学省"并非各个地方的教育委员会的上级单位，也就无法直接向地方"发号施令"。各个地方的教育怎么办，基本都由地方教育委员会掌舵。这才会出现安倍晋三尽管用上了"要请"一词，但也会零星冒出来一些不完全买账的地方。各地的教育委员会一般由5人组成，多是当地在文教事业上比较知名的人物，其中不乏一些大学教育系的教授。

不过，近些年，日本在政策上开始鼓励多一些有影响力的社会人士参与到教育委员会中来，从而能够传达社会对教育改革的需求。这些社会上的"素人"，如何和教育系统的"老兵"们相互磨合，是日本目前尚在探索中的一个难题。

当然，面临这次来势汹汹的疫情，大多数地方教育委员会都选择配合中央政府。但通过这样一个实例，我们仍旧能看出日本这种教育体制的特殊之处。在日常的学校管理中，地方教育委员会的权力其实体现得更明显，一个地区应当有什么样的教育哲学和课程特色，基本上都是由教育委员会来决定的。而这当中最引人注目的，就是教科书的选用。日本的教科书是审定制，只要经过了"文部科学省"的审定，都是合法、合格的教科书，但一个地区的学校在某一门科目上究竟选用哪个版本的教科书，则是由地方教育委员会来决定的。因此，日本各地各学科所用的教科书实在是千差万别，各有各的特色。不同的出版社也想尽办法来改进自己的教科书，好在教科书展销会上应对激烈的竞争。某种程度上，大家都被这种竞争逼得不得不变革，而每个地方的教育委员会也都想尽可能地打造出当地独特的教育哲学和课程理念。例如，日本有些学校更偏爱杜威的教学方法，我甚至听说过有一所幼儿园让家长首先在学校给孩子寄存三套衣服，因为园里要任由孩子们游戏、打闹、追逐，弄得一身脏是常有的事，三套衣服才够换；而就在邻区的一所幼儿园的孩子们则要"乖"得多。因此，很难讲有一个绝对普遍的"日本教育"，每个地区的教育风貌往往不尽相同。

从这个意义上讲，每个地方的教育委员会都扮演着一个"看门人"的角色。

我们常常讲日本的教育擅长在细节处求变，总会有一些意想不到的创新。事实上，这和日本教育背后的这种行政体制多少还是有关系的。正是因为教育的管辖权下放到了地方，所以各个地方才会积极求变，以应对当地社会的需求。日本的课程调整也相对灵活，教师可以有更大的施展空间，更能成为自己课堂的主人。尽管每个国家有着各自不同的国情，但在某些地方，或许别国的经验也值得借鉴一二。

让孩子们
自在从容地洗手

2020年,是新冠疫情肆虐的一年,在我撰写这一系列文章的时候,武汉的战"疫"刚刚进入最艰难的胶着阶段,我几乎每天都揪心地守在电脑前。英雄的武汉人民战胜疫情后,我有一次乘火车路过武汉,偶然看到枝头一朵在料峭春寒中的花,不知怎的就想起了杜甫的名句"感时花溅泪,恨别鸟惊心"。

传染病的危险之处就在于"传染"二字。一种病毒会先潜伏于宿主,然后寻找各种各样的传染路径,最终向易感人群扩散,这便是所谓的传染病三要素。学校作为典型的人群集中地,自然也是防范传染病的重镇,但学校毕竟不是医院,很难直接针对宿主予以治疗,而通过身体锻炼提高易感人群的免疫力等方法又很难立竿见影,因此,切断传染路径是学校在防范传染病时的头号工作。正是在这个意义上,"勤洗手"这三个字近来又回到了许多人的嘴边。因为在我们每日的生活中,手的接触范围太大,沾染各类病菌的可能性最大，而小孩子特别喜欢用手揉眼睛，或者抓着什么东西就往嘴里送，因此，洗手的重要性就显得格外重要。

洗手不是蜻蜓点水一般沾过水就算数。在日本的中小学，往往能够见到一些详尽的示意图，展示一次合格的洗手该如何操作。尤其重要的是要将指缝清洗干净，并且要一直洗到手腕以上才算结束。否则，病菌仍旧会残留在手上。因为孩子们中午都在学校吃饭，因此，吃饭前的集体洗手往往是教导正确洗手方法并且让孩子们相互监督着认真洗手的最佳时机。长此以往的集体生活，让日本孩子慢慢养成了勤于洗手的习惯。这让我想起之前在美国一所学校旁的厕所里见到的标语："肥皂不是装饰品，请用起来！"（Soap is not just for decoration, please use it）道理是一样的。

在美国一所学校旁的厕所里见到的标语

说起洗手，我还会想起孩子们洗手时的场所之一：厕所。事实上，真正洗好一次手，往往需要花上两三分钟的时间，一个学校的厕所能否足够清洁、卫生，成为孩子乐意待上几分钟时间的地方，恐怕才是"勤洗手"这三个字能贯彻下去的重要条件。很多人到日本城市里旅游，在大商场里能遇到那种屁股坐下去暖乎乎的马桶，又或者是还能伴有哗哗流水声响的厕所。不过，在大多数公立学校里，我只会见到一些极为普通的厕所。马桶坐下去冰凉冰凉的，也没有什么流水声，和中国并无二致。而且，很多厕所里并没有马桶，还是传统的蹲厕。事实上，据2016年的一项统计，目前日本中小学里大约六成仍是蹲厕。不过，任何一处的厕所都能保持基本的清洁、干净、无味，而且都配有厕纸，这在国内是不多见的。我想，唯有在这样的环境里，日本的孩子才能比较自在从容地洗手吧。

事实上，日本人在学校厕所方面花的心思并不算少。日本甚至有一个专门的"学校厕所研究会"（学校のトイレ研究会），从1996年起就从事相关的研究和政策建言。值得注意的是，厕所的建设其实一直和灾后救援联系在一起。日本是个自然灾害高发的国度，而任何一个地方的学校都是自然灾害发生时的市民避难所，一旦有严重的地震一类的灾害，学校里立刻会涌入大量人群。根据日本学者的调查，在地震爆发后的6小时内，有70%的人都有上厕所的需要。因此，在人群聚集的情况下，干净和充足的厕所就显得尤为重要，否则很有可能酿成传染病等次生灾害。在日本的灾后救援工作体系中，提供足够的厕所甚至比提供水和食物享有更高的优先级。也是因为这个原因，厕所的建设和维护从来都是日本学校硬件建设里重要的一环。

我不必去说中国有多少中小学能提供这样的厕所，至少在我所工作的大学，这样的厕所并不算多。我们当然希望孩子们都能养成"勤洗手"的习惯，但恐怕也需要先给他们提供一个可以"比较自在从容地洗手"的厕所。

新冠之下，
日本教师的忧虑

新冠疫情之下，全世界的绝大多数学校都被拖入了校园封闭、网络授课的状态。自 2020 年 4 月 16 日宣布"紧急事态"宣言以后，日本从小学到大学，绝大多数学校也都做出了这一无奈的选择。

据日本广岛大学所做的一个紧急调查来看，日本各地学校的校长和教师们除了网络技术层面的担心之外，最核心的忧虑集中在两个问题上：一是不同家庭的条件不同，相对贫穷的家庭的学生缺少了学校环境，与其他学生的学习差距会进一步拉大；二是学生与学生之间的交流将会变得非常困难。第一项议题关乎整个社会的大环境，并非哪一所学校能单独解决；而第二项则相对留有解决的空间，因此成为了新冠疫情之下各所学校花费大量心思的地方。

特别值得注意的是，日本的各所学校都非常明确，所谓"交流"，重点不在师生交流，而在于学生与学生之间的交流。今天的技术手段之下，用 Zoom 这类的软件由教师进行单向授课已经不是难事了,但学生和学生之间的交流则会显得格外困难。日本学校历来看重"自主、合作、探究"的学习方式,因此疫情之下,最让教师们忧虑的是,如何维系同学和同学之间这种合作与共同探究的关系,甚至说得更简单一些,维系一种同学与同学的人际关系。实事求是地讲,疫情之下,国内也有众多学术报告谈及网络授课的种种,但大多数报告关心的都还是教师如何利用网络技术手段把知识"传输"给学生,因此,当我看到日本的教育工作者关心的重心竟然是这一点的时候,还是会感觉到两国学者的一些细微差异。

我也看到,最开始一些小学没有特别发达的软件,因此用起了比较原始的校内邮件。这些邮件是公开型的,由学生写给老师,汇报自己近期的所思所感,但彼此之间都能看得到。这样,就组成了一个小小的网络交流群体。大家再相互点评别的同学的邮件,慢慢地就开始了交流。当然,这样的交流一开始还比较散漫,老师慢慢设定一些议题,逐渐将学科知识和疫情之下的生活结合起来。比如,有老师设定了"观察家里的植物"这样一个话题。孩子们八仙过海各显神通,纷纷亮出了自家的各种宝贝,还要描述自家植物喜阴还是喜阳,叶子能长到多大,招不招虫等,逐渐就成了一堂准生物课了。大家你一言我一语,倒也聊得挺开心。还有些教师鼓励大家用邮件搞起了俳句竞赛。日本俳句短小,写的又都是日常心绪,小学生写出来的大多充满了稚嫩的感觉,但也格外真实。不过,在教师看来,小小的俳句竞赛,更大的功能是让大家消解孤独感。

而对稍大一些的中学生,在使用网络技术的时候,就比较注重分组功能。例如,英语课不能只是老师一个人反复讲,还需要将Zoom的聊天空间分隔为一个个小组,让学生和学生之间展开对话,再由教师进行总结。另外,也有一些学校采取了小型的研究会形式,组织学生探讨不同国家面对疫情的举措，或者了解一些有关传染病的知识，再向班里做汇报。当时，在网络上最受欢迎的报告竟然是一位小学四年级的小女孩做的自主研究，她花了三周时间，研究了日本各地知事戴的口罩是何种材质，有哪些特点，还为他们一一画出了漫画，并添加了点评。这一切最初的缘由乃是因为冲绳县知事戴的口罩，很好地利用了当地特产的一种布匹，而且色泽鲜艳，吸引了小女孩。

日本学者佐藤学的理论在中国颇受欢迎。佐藤学所强调的"学习共同体"，要打造的就是一种"共同体"，就是学生之间通过交流构筑起来的人际关系，或者用一个很日式的词，就是"绊"。在应对新冠疫情之下，我也确实看到了这种"绊"的价值和作用。

没有完美的教育

2020年的新冠疫情,让全世界的教育工作者都不太好过,日本也是如此。2020年2月27日,时任日本首相安倍晋三下达了中小学临时休校的"要請",4月16日,政府发出了全方位的"紧急事态宣言",并持续到5月末。6月1日,在一些疫情相对有所缓解的地区,学校开始实现分批上学,沉默了太久的校园终于重新有了点人气儿,稍稍有了些欢歌笑语。

尽管对于日本来说,最艰难的三个月大概已经过去了,但回过头去重新检视在这休校的三个月里日本教育界的表现,依旧还是能给我们诸多启示。

首先,日本教育界和现代媒介的隔绝,在这次疫情中被大大凸显了。日本虽也常常把ICT(Information and Communications Technology,信息与通信技术)挂在嘴边,但ICT从来都不是日本基础教育的主流。日本人还是更相信人和人、师与生面对面的交流沟通,更相信粉笔和铅笔的世界要比键盘和显示屏的世界对孩子更好,因此,在日本的师资培训中,始终把这种当面的沟通能力视为一个教师最关键的素质。从这个意义上讲，绝大多数的教师其实被这次的疫情闪了一下腰。当他们一下子失去和学生当面交流的机会之后，竟不知道该怎么应对了。而长期以来，日本并没有建立起像中国这样发达的线上教育平台。一时间，如何和困在自己家里的孩子们保持沟通，成了一个很麻烦的问题。

其次，政府和学校各方面，对疫情的严重性还是大大低估了，这在一定程度上造成了学校应对的迟缓。据一位校长讲，在最开始的3月，校方估计这次的休校最多也就两周罢了，因此一直还在筹备接下来的毕业典礼，而不是什么疫情应对。因此，学校不仅低估了疫情的严重性，更提供不了什么好的传媒手段，这就使得很多学校在最开始的3月，并未能够给孩子们提供足够充分的教育支持。当时的绝大多数日本人，都是等到新的一天早上，睁开眼，看看新冒出来的感染人数是多少，才好决定自己当天的行程安排。大概要到5月，人们才纷纷意识到，疫情已经基本上没有彻底消弭的可能性了，充其量也只能一边与病毒"共存"，一边尝试新的教学方式了，比如线上教学。应该说，这一段宝贵的时间被浪费了不少。尽管到了2022年，我们再来看当初的决策历程，会觉得有些天真，但在当时，这种彷徨也很真实。

我在前面的文章中介绍过，日本基于各地"教育委员会"而设立的教育体系，从根本上来说，是分权制的。教育的决策权在地方而不在中央。这种地方分权制度其实更决定了日本校方会有种种的犹疑。在平时来看，这种体系当然给予各个学校很大的灵活性，但在特殊时期，各个学校在资源上的匮乏性也会凸显得很明显。每个学校首先想的是，自己的教师怎么创制网络教学资源，提供给本校的学生，但各所学校本身就在ICT方面资源储备有限，教师们也不熟悉这方面的工作，尤其是年龄大、资历深的教师，很抵触网络教学。因此在校务会议上，这类议案往往被否决了。一开始，甚至还有很多学校把学习资料打印出来，一份一份寄到孩子家里，似乎这样便是把知识送到家了。

从我自己所了解到的情况来看，日本很多网络教学资源，都是一些年轻老师自行开发出来的，主要是一些 5～10 分钟的视频，讲解一些关键性的知识，或者提示一些学习的方法。这类活动，通过种种渠道传播开，也得到了不少孩子的好评，然后才慢慢得到了校方承认。从日本教师的体验来说，拍摄教学视频一定要追求简短，超过 5 分钟，观众就会产生厌倦情绪。但这会对教师产生更大的压力，他们被迫对视频内容反复审定，挑出最重要、最核心的部分，反复打磨后，才能拍出最后想要的成品。基本上，所有视频都反复拍了四五次。很多年轻老师也都表示，这是一个极为疲惫的过程。尽管当时日本的主流电视台 NHK 也播放了一部分学习视频，但据我看，大多都是些比较陈年的教学视频，公开出来反倒有些鸡肋的意味。不过也不难理解，在疫情肆虐之下，即便是 NHK，也不可能大张旗鼓拍什么教学影片了。

事实上，ICT 教学倘若有一个高效的中心加以调度，网络资源本就可以无限生成的特性如果得到很好的利用，应该取得事半功倍的效果才对。然而，在日本分权制的教学行政系统之下，这几个月跌跌撞撞的 ICT 教学，似乎反倒给教师带来了巨大的负担。

这个世界上没有完美的教育及教育制度。日本教师曾经自傲的面对面教学技能，在这次疫情之下竟成为他们十足的软肋；过去给他们赋予充分灵活性的分权制，也会给他们造成巨大的负担。老子所谓"祸兮福之所倚，福兮祸之所伏"，说的就是这个道理。

被 拒 绝 的 身 份

2020年9月16日，菅义伟组阁成功，正式出任日本第99任首相，取代了在疫情的巨大压力之下宣布因病辞职的安倍晋三。因为在安倍政权时代，菅义伟就长年担任内阁官房长官，负责统理多项事务，而且以发言人的身份和媒体打了多年交道，因此，他多年来都是一个活跃于日本媒体上的人物。更重要的是，菅义伟1948年出生于平民家庭，父亲一直在日本的农业重镇秋田县从事草莓种植行业，母亲和别的几位近亲都是当地教师。可以说，在重视出身门第的日本政坛，菅义伟仿如一股清流，更能得到普通民众的欢迎，甫一上台，人气极高。

但仅仅一个月后，他就受到了一次重大的挫折。10月1日，被视为"学者之国会"的日本学术最高机构——日本学术会议，依照改选制度，向内阁提交了105名新会员的推荐名单（全会共210名会员，任期6年，每3年改选半数，也即105人），然而菅义伟仅批准了99人，却拒绝任命其余6人。这是日本学术会议自2004年革新制度以来，首次出现推荐人选被拒绝任命的情况，因而引发日本学术界一片哗然。早在 1983 年，当时的首相中曾根康弘在国会问询中曾明确表示："政府不会否认学术会议推荐的人选。"政府只是做"形式上的任命"，因此这次菅义伟的行为在很多学者看来是很冒失的。更让人们感到不满的是，菅义伟之后也没有具体解释为何拒绝任命这 6 名学者，但这 6 名学者又无一例外地在日本属于颇有社会责任感的学者，对安倍政权的一些行为是有批判的。尤其像其中的东京大学加藤阳子教授，是一位非常杰出的女性历史学者，她的《日本人为何选择了战争》已经有中译本了，中国读者不妨参看。但我想要在这里强调的是，这本书是基于加藤阳子和日本高中生的座谈所写。她以历史学者的专业素养，和高中生们一起探讨，日本为何在上个世纪陷入了战争的沼泽，这场战争带给了全世界多大的创伤，日本年轻人应当如何去记住这场战争的教训。加藤阳子是一名严肃反思二战史的学者，更是一名积极地将战争记忆传递给下一代的学者。这样的学者被拒绝加入日本学术会议，其中传递出来的信息确实值得警觉。

不过，在我看来，其实这件事的背后还多少和菅义伟的人生经历颇有些关系。如前所述，菅义伟出身农家，当初高中毕业，就选择了到首都东京来打工，事实上，就是日本那个年代道道地地的"农民工"。当时日本经济腾飞，各种实业也高速发展，年轻的菅义伟就在一家纸盒工厂做工。在纸盒工厂里，菅义伟体会到了人生的艰辛，也意识到自己的一生如果就困在这间工厂里，终究是一件可悲的事情，由此才决定，一边打工，一边准备大学入学考试，两年过后，终于考入了学费相对便宜的法政大学，而后才踏入政坛。像菅义伟这样的人，其实在日本政坛属于学历不那么"漂亮"的人，在动辄东京大学、早稻田大学履历的日本政坛，菅义伟肯定有过不少不愉快的经历。

有学者用佛教里的"密宗"来形容日本战前的大学,我认为是非常贴切的。战前的大学只属于极少数人,他们大多出身中产家庭以上,从小就能读到西洋书籍,听到西洋音乐,到大学里念书,念康德,念黑格尔,讲教养与学识,但实则就像"密宗"一样,这只属于一种几乎不怎么外传的小圈子。这种精英的世界和整个社会氛围是隔绝开的,也是出于此,尽管当时日本不无最卓绝的宪法学者、社会学者、教育学者,但依旧未能阻止日本全社会走上战争的道路。这种结构延续到了战后的日本社会。东京大学、京都大学仍旧是学术顶级的象牙塔,尽管新兴的大学不断创办,但远不足以动摇几所传统顶尖高校的地位。像菅义伟这样,后来才半工半读考入大学的人,肯定是被排除在这样的圈子之外的。遗憾的是,2021年10月4日,日本召开临时内阁会议,菅义伟内阁在会上集体辞职,梦圆首相仅仅384天便暗淡告退,日本学术会议改选的问题却一直没有得到妥善解决,就这么拖了下去。

菅义伟所折射的这一现象在一定程度上造成了日本社会的一种分裂。从我自己的观感来说,越是学问层次高的日本人,越是对战争、对历史有严肃的反思;而学问层次相对较低的日本人,则反感这类反思,或者说,他们就是反感这些名校出身的人侃侃而谈的样子。人们往往因为身份而轻易地选择了自己的立场,事实上,这恐怕是今天在日本要严肃地传承战争的记忆最困难的一个地方。

教育,被期许了诸多社会功能,比如,弥合社会的分歧,形成广泛的社会共识。然而有时候,教育也会加剧社会的分歧,酿成社会的分裂,这大概也是我们需要正视的一个问题。

被打工耽误的人生

新冠疫情肆虐之下的日本,几次发出了"紧急事态宣言",从首都到地方,各行各业都有叫苦不迭的声音。在林林总总和新冠相关的新闻里,倒是有几则不那么吸引人眼球的新闻,让我觉得很揪心。

首先受到冲击的自然是餐饮行业。没有谁再敢那么放心大胆地来吃饭,吃饭喝酒的时间尤其被严格限制,当时东京都政府要求,晚上8点就必须打烊。餐饮行业收入锐减,当然就要考虑控制成本、精简人手的事情,那么,那些平日里在餐厅里打工的人,就不能幸免了。而这里头,事实上有很大一部分是大学生。据一项最近的统计,大概有八成的日本大学生,都在从事或长或短的零工,而其中有接近68%的学生都感到新冠疫情之下,自己打工的时间被迫缩短了。这也意味着,他们能拿到手里的钱变少了,甚至直接变成了零。

日本的大学开销并不算小,学费不便宜,而且日本大学不像中国这样负责学生的住宿问题,学生租房也会花去一大笔钱。有时候家里还不止一个孩子,很少有家长能同时完全负担起两个孩子的教育费用。据一项调研来看,能完全享受由父母负担学费开销的大学生，只不过占了三成而已。再加上，更多的大学生觉得自己都十八岁了，成人了，如果想买件潮流点的衣服，或者多少储备点社交的开销，还是自己挣钱比较好。因此，日本绝大多数的大学生都会打工。最主流的打工去向是餐饮店，或者前台接待，或者后厨里忙活，十之八九的青年人都是大学生。有时候，大学教授们到大学附近的餐厅一坐下，上来的服务员里多半就有熟悉的学生，有些学生会羞涩地给教授添个小菜。

打工并不完全是件好事。或者说，如果不是生活所迫，谁又愿意去打工呢？记得那时候我给我的博士生导师担任课程助教。有几门课，教室最后几排老有趴在桌子上埋着头呼呼睡的学生。这并不是因为我导师的课讲得不够精彩，也不是因为几个学生有意要冒犯老师，实在只是因为他们太困了。前一天很可能是在餐饮店打工到深夜，第二天再来听课，一不留神就睡着了。这样的学生往往不是那种家境宽裕的学生。我记得自己还是小学生时，几次在课上打呼噜，都被老师用稳准狠的粉笔头砸过。但我的导师从不有意去找这些学生的麻烦，反倒是有时候叮嘱我，就让他们舒舒服服地睡吧。

因为打工而荒废了学业，或者到头来只是求一个稀里糊涂的毕业，这样的学生恐怕不在少数。我明显感到日本教授们对这一类现象也是颇感无奈，或者具有一种同情之理解。据朋友们说，在一些私立大学，靠打工维持生计的学生还要更多。如果说，有一种理论叫"文化再生产"，那么在日本打工这件事上，我算是真切地体会到了这种文化再生产。有些家庭境遇不算特别好的学生，往往好不容易考进了大学，但又因为家境的局限，不得不打上好几份工，久而久之对学业也就懈怠了，或者即便想要学习，也总是拖着疲惫的身体在学习。而那些家境好的学生，不用出去打工，自然有更多的时间和精力投入学习。这两者之间的差异,是在日复一日的生活轨迹中被塑造出来的。

因此,当我听到这类因为疫情而导致打工状况恶化的新闻时,心里会浮想起几位比较熟悉的日本同学,都是很普通的家庭出身,始终在靠打工挣钱,竭力维系着学习与生活间的平衡。我只能盼望他们能找到解决问题的办法。有时候,看着中国的学生,我会为他们感到幸运。总体来说,他们是可以比较专心地投入学习的,不用有太多后顾之忧,中国的家长也愿意牺牲很多来成就自己的孩子。我只希望,中国的学生们,不要愧对自己的这种幸运。

何谓"商务人士"?

新冠疫情接二连三地复燃以后,2020年12月28日,日本政府决定暂停所有外国人进入日本的通道。日本媒体往往将其揶揄为"锁国"。不过,这当中也留下了一个例外,那就是中国、韩国、越南等16个国家的商务人士(ビジネス関係者)仍可以在满足一些条件后入国。这个例外留得有些醒目,也在日本引起了不小的争议,换言之,这些商务人士难道就是不怕病毒的铜墙铁壁之身?何以要差别对待呢?争议持续到了2021年1月13日,菅义伟政府终于正式决定,商务人士也暂停入国。这场不大不小的争议算是尘埃落定了。

我最开始并不算特别关心这一条新闻,心想所谓"商务人士",大概都是些打着领带、穿着西装的高端人士吧,和我没什么关联。但后来看到了更多信息,才明白自己被"商务人士"这个漂亮名字迷惑了双眼。事实上,这只不过是一种签证种类的称呼而已,所谓"商务人士"里有大约七成都是"技能实习生"和"留学生"。

所谓"技能实习生",主要是被邀请来日的年轻劳动者,他们通过学习日本先进技术知识,回国后为本国经济发展作贡献。这一制度从 20 世纪 60 年代起就有了雏形，主要面向发展中国家。当时日本企业为适应海外扩展之需，将其海外日企的当地雇员送到日本，进行技术、管理方面的培训，然后再派回本国进行工作。这对双方来说都是有益之事，因此推行得非常顺利。但最近几十年间，随着全世界范围内科学技术的普及以及生活水准的提高，已经很难说这些发展中国家的实习生是要来学习多么先进的技术了。他们更多的是想来挣一点外汇，寄给老家的亲人，毕竟在日本挣到的工资要比在越南和印尼高出一大截。而在日本这一边，由于"老龄化"的显著加剧，真正能在工厂做工的日本人越来越少，"技能实习生"实际上成为了一种弥补劳动力不足的便宜之计。这些技能实习生最长可以工作五年，而且从第二年起便允许加班，某种意义上就是一种"外来劳动力"。近些年日本的老龄化程度，已经使得一些地方上偏僻的小厂子，如果没有这样的技能实习生就没法开张了。此外，如很多人比较熟悉的，"留学生"在课余打打工，也是一种弥补劳动力不足的重要手段。

从这个意义上而言，菅义伟一开始坚持让"商务人士"入国，其实是一种没有办法的办法，因为许多地方的大小工厂极度依赖外国的工人，如果因为疫情的阻隔，让这些工厂无法开工，经济上的损失只怕更大。而从数据上看，从 2020 年 11 月到 2021 年 1 月 3 日，中、越、印尼三国进入日本的所谓"商务人士"里，"留学生"占了 41.11%，"技能实习生"占了 40.84%，是绝对多数。因此，这些所谓"商务人士"根本不是我一开始所预想的那种西装革履的样子。

当然，从我自己的感知里，过去的"技能实习生"以中国人为主，但随着这些年中国经济实力的增强，愿意做这类工作的中国人大大减少了。近些年应该是越南和印度尼西亚的人口大量进入日本，从事这类工作。据日本法务省的数字，2019年，在日本合法居留的越南人大约有41万。这些年在东京的一些郊区，我越来越能见到一些用越南语写的标语，显然是写给在日本谋生的越南人看的。这也从一个侧面说明越南人在日本日益变成了不可忽视的存在。

这样的现象会影响到日本的教育吗？当然。因为过去谈起居留在日本的外国人，其实指的就是中国人和韩国人。中韩两国的人，过去多因为很复杂的历史原因定居日本。但这些年，情况完全变了。来自不同东南亚国家的技术实习生既然可以在日本"实习"长达五年之久，他们的小孩往往也会在日本居留非常长的一段时间，当然少不了和日本孩子一起念书、生活。过去的日本学校因为文化层面的原因，多多少少积累了和中韩小朋友打交道的经验，但这些年，面对各种各样的东南亚各国来的小朋友，校长们头疼的事情也不少。宗教、历史、文化，任何一个因素都可能导致校园矛盾的产生。如果说这也是一种教育的"国际化"，那么，这种国际化的过程只怕是苦与乐相伴随的。

樱花都没开，
为什么要着急开学？

在 2020 年的 2 月到 3 月这段时间，突如其来的新冠疫情在全世界都闹得满城风雨的时候，没有哪个国家独善其身。日本亦不例外，阳性病例不断出现，整个社会都惶惶不安。不过，这一时期，从幼儿园到大学，各个校长们头疼的一件事，倒主要是毕业典礼和开学典礼要不要办的问题。

日本各类大学的毕业在 3 月，开学在 4 月，和全世界绝大多数国家采用的秋季入学都不相同。日本人有他们的理由，那就是 4 月开学正好能配合樱花绽放的日子。有朋友曾经打趣说："樱花都没开，为什么要着急开学？"日本人对樱花的偏爱可见一斑。换言之，新冠疫情蔓延开的时候，正是日本毕业典礼和开学典礼理应举办的日子。而且更要命的是，这往往在一年前就定好了。日本是一个非常在乎时间安排的国家，学校里很多重大日程往往在学年开始之前就定好了，如果没有意外，是肯定要执行下去的。而对任何一所学校而言，毕业典礼和开学典礼都是重中之重，尤其是前者。

对大多数日本人而言，毕业典礼是人生中的一场重大仪式。过去，毕业典礼是大家在会场里面向有国旗和校旗的主席团就座；现在，有不少日本的学校让毕业生和其他的在校生、家长、教职员、来宾相向而坐，更加凸显了这是一个由毕业生展现自己数年求学的成绩，向所有相关者表达谢意的机会。一般而言，流程大同小异：首先，毕业生在学校乐团的伴奏和所有人的注目下入场；接着，齐唱国歌；随后，地方教育委员会报告这一年以来学校各方面的工作，实际上这更像是讲给家长的话；然后，校长将毕业证书一一授予学生，并作讲话；接下来会有校外来宾祝辞；紧接着，在校生会向毕业生作"送辞"，毕业生则向所有人致以"答辞"，并为母校送上纪念品；家长代表也会讲一些话；最后，齐唱校歌，毕业生又在学校乐团的伴奏下退场。从幼儿园到大学，整个日本3月的教育体系都在为这件事情忙活。这个时段走在日本的大街上，你总能碰到穿着和服参加完毕业典礼的女大学生，也总能见到被家长在胸前别了一朵小花的幼儿园毕业生，整个社会似乎都会以他们优先。

为毕业典礼作彩排的时间特别漫长。有一些中小学甚至会花上一个整天来彩排这件事情，似乎是要把每个细节都抓到实处，不敢有一点点懈怠，生怕在典礼当天出了岔子，给哪个学生留下不好的回忆。严格讲，这场仪式是写入日本的课程标准的，算是正规学习的一部分，因此不少学校不惜花费成本和时间。不过，有趣的是，毕业本来是件开心的事情，但从明治时代建立起现代学校体制，从而有了毕业典礼开始，日本的毕业典礼从来都是以"肃穆"为主基调的。尤其在致"送辞"和"答辞"的时候，不少人会默认，这个时候孩子们应该有一些感动的泪花才算是一场完美的毕业典礼。因此，近些年来日本社会也有不少争议：毕业典礼能不能负担更轻一点？氛围能不能更轻松一些？更活泼一些？

不过，还没等到这样的争议有一个定论，2020年的疫情之下，大多数学校的毕业典礼都被迫宣布取消，还有一部分学校将规模缩到最小，电视里多会出现一些小学毕业生悔恨甚至落泪的样子。不过有时候想一想，这就是人生吧，不可预料者常有，但我们总要坚强地面对，但愿这些刚刚小学毕业的小朋友们能学懂这一课。

有一点"工夫",
就有一点教育

日本这个社会很有趣,有时候很新潮,有时候又很保守。譬如在现代网络这方面,日本总体上似乎比中国慢了好几拍。到了2021年,还有不少日本人在兢兢业业写博客。博客?没错,就是博客。说实话,这种东西在中国几乎已经销声匿迹了,然而在新冠疫情之下,日本的博客竟然又迎来了一股小高潮。我见到了很多中小学老师开始撰写疫情博客。

首先,使用博客的初衷是为了保持老师和学生之间的联系。在疫情休假期间,学生们都不被允许到校,为了和学生保持联系,不少中小学老师都开始摸索办法。一些老师一开始是打电话,给学生家里的座机打去电话,然后爸爸、妈妈、孩子、老师四个人一起通过电话免提聊一聊。这种方法固然也好,但大多数老师都觉得,四个人挤在一条电话线里说话其实并不容易,谁也不知道自己会不会不小心插了别人的话。更要命的是,一个电话,因为四个人的参与,往往时间很长，有时候一个孩子就要占去大半个小时的时间。疫情之下，大家当然都是在家"办公"，但有时候老师们也会困惑，一个孩子就耗去大半个小时的做法，是不是已经完全挤占了自己的私人时间，早已经不是所谓"办公"了。因此，这种"电话家访"的方式尝试了一段时间后，很多老师都放弃了。他们这时候发现，博客似乎是一种更有效的方法。

有些博客是以学校的名义开办的，记录学校在疫情之下所开展的工作以及对学生们的嘱托，还配上一些照片，记录下学校里花花草草的生长，让那些不能返校的学生仿佛能够重回校园。还有些博客属于教师私人，多会记录自己每天的工作，尤其是自己为网络备课所做的准备等。还有老师会拉拉杂杂记录一些"豆知识"，即一些很微小但又颇有趣味的生活知识，似乎是要给孩子们一个提醒，尽管学校不能来了，但毕竟"生活即教育"。博客里学生和老师有一些往返留言，大家互致问候，也相互叮嘱要记得保持社交距离。现在想一想，博客确实是一种方便的"以一对多"的信息发布模式，互动反馈也比较容易，在疫情之下成为师生保持心灵沟通的最佳办法也不是没有道理的。当然，如果日本有一个类似于微信公众号一样的东西，可能他们的选择又会不一样吧。

疫情之下，BBS这种东西也复活了，这说起来就更有意思了。2020年，原本在日本召开的一个学术会议被迫改为线上，我原本以为会是一场视频会议，没想到主办方竟然搭建了一个BBS界面。各个报告人以"主帖"的形式，将自己的学术报告贴上去，随后，各位有兴趣的参会者则以"跟帖"的形式予以质询，"楼主"再予以回应，你来我往，好不热闹。BBS里还分出了各个板块，如教育的理论、学校的管理、教育的国际比较等，每个板块对应不同的学科门类，有时候看着不同学科的日本教授们彼此串门问答,竟然和十来年前中国网友们在各类BBS上"灌水"是一样的风景。BBS也有BBS的好处,所有学者的报告和发言内容都可以以文字的形式记录下来,随后稍加编订,便可以成为会议的资料。有时候,反而是那种视频会议,开完之后就像大雁飞过,什么痕迹都没有留下。

日语里很常见的一个词叫"工夫"(kufuu),就是在一件事情上花了心思,下了功夫。日本人往往愿意在一些老旧的形式上花一些"工夫",博客也好,BBS也好,只要能够把人和人的感情牵连到一起,其实都可以用起来。

最让我个人觉得不错的"工夫",是位于东京的一所多摩二小,给全校533个孩子人人配送了一盆向日葵,请孩子们带回家,精心呵护,也请孩子们把各自养护的向日葵的照片传来,最后集中到一起印出来。

我想,在疫情最难的时候,有一株向日葵在家里陪着自己,而且像一个笑脸一样望着自己,那种来自学校的温暖还是非常真实的。

和奥运圣火一起
被点燃的教育议题

就在我敲下这几个字的时候，2021年7月23日，东京奥运会的圣火刚刚被日本网球选手大坂直美点燃。尽管因为疫情迟到了一年，东京2020奥运会毕竟还是跌跌撞撞地到来了。即便平时不太关心体育的朋友，恐怕也难以免俗，会看一眼开幕式的实况转播。说实话，到最后时刻，我个人是有点失望的。我总期待奥运圣火的点燃仪式该是一个突破人类想象力极限的事情，没想到，大坂直美就是这么一步步走上去，点燃了火，就交差了。我想，当时的首相菅义伟恐怕也有不少失望，好不容易在疫情之下把奥运会承办了下来，但日本老百姓不买账的还是占了大多数。

对绝大多数不怎么关心体育的朋友来说，看着大坂直美恐怕会生出不少困惑，因为她实在不像是很多人心目中那种穿着和服的日本女性。实际上，大坂直美是一位混血儿，妈妈是日本北海道人，爸爸是生于海地的黑人，尽管1997年出生于大阪，但从2001年开始，她就移居美国，一直到2019年以前都是双重国籍身份，近些年才确定了自己的日本国籍。大坂直美在美国长大，长年使用的语言都是英语，日语讲得磕磕绊绊，需要专门加以学习。因此，尽管很早就成为全球瞩目的网球大满贯选手，但日本人对她的看法也不尽一致，不少人说，她实在谈不上是一位日本人，更难说有什么代表日本的资格。但在她自己看来，兼具日本、美国、海地三个国家的背景，既是黑人，又是女性，正是自己最骄傲的标志。日本社会近些年一直在强调"多样性""国际化"云云，让大坂直美担任奥运会上点燃圣火的最后一棒，其实也算是日本官方的一种表态。

不过，官方要做这样的表态，实在也是因为这种"多样性"的社会追求，在日本并非一件容易的事情。

在日本的语境里，"混血儿"最开始不算是一个特别光鲜的词汇。所谓"混血儿"，指的主要是"二战"后美军占领日本时，一些美国士兵和日本女性生的孩子。美国士兵驻留日本一段时间后就换岗回国，留下了一批金色头发或者蓝色眼睛的"混血儿"。这批孩子的妈妈，大多数都属于社会底层，很难谈得上对孩子有什么教育的能力，即便将他们送进学校，绝大多数也会遭到同学的欺凌，因为同班的日本小孩会厌恶这样一些长得和自己不一样的孩子。而在这一现象最为显著的冲绳县，据统计，当时有百分之十的"混血儿"孩子甚至受到过来自老师的赤裸裸的欺凌。一些还没有从战败阴云里走出来的老师觉得，这样的孩子是日本战败的象征，因此会公开地肆意打骂。最凄凉的是，这批孩子的妈妈日后再嫁的时候，"混血儿"似乎都成为了巨大的累赘，往往会遭到继父的冷嘲热讽，也不容易和自己的兄弟姐妹融入到一起。兄弟姐妹往往要问："你怎么就和我们不一样呢？"

这批境遇非常糟糕的"混血儿",往往念到初中就中止了学业,到工厂打工,在社会上闯荡,日后也基本徘徊在比较低的生活水准。因此,日本战后出现的这股"混血儿"浪潮,实在是一段非常悲情的教育史片段。

要到20世纪60年代以后,随着日本经济恢复,重回国际舞台,国际间的婚姻日趋正常,"混血儿"才变成了一种日本人可以以平常心看待的现象。此外,很多外国人定居日本后,外国小孩也逐渐地进入了日本的中小学接受教育。但对这一时期的日本教育而言,学校里那种非常强烈的"同化"氛围成为了一个比较棘手的问题。日本是一个比较在意"集体"的民族,凡事更强调齐头并进与合作协力,任何一种与集体不太协调的声音都不太受欢迎。这种文化当然有积极的一面,但对很多文化背景复杂的孩子而言,这就是一种多少带有强制色彩的校园环境了。例如,当时家长要为孩子准备午餐便当。日式便当往往有一定的模式,饭菜的搭配也比较稳定,如果哪个孩子带了中国式的饭菜,或者韩国式的饭菜,往往就容易遭到同学的另眼相看,甚至会刻意地把桌子挪得远一点。这些或隐或显的细节,往往让一些孩子吃尽了苦头。

某种意义上,强调"融合",而非"排斥",当然要比战后的那段岁月好多了,但这种往往带有些不愉快的"融合",也是教育中的一个大问题。因此,最近一些年,日本面对国际教育时开始强调"多样性",试图调整过去过分要求"融合"的路线。过去,日本教育强调让异文化背景的孩子尽快融入日语环境,现在,日本学校则尽可能借助社会力量,请一些精通外语的志愿者进入学校,协助异文化背景的孩子在维持自身母语的同时,缓缓适应日语环境。当然,日本"趋同"的文化传统不可能立刻转变,所谓的"多样性"究竟该怎么达成，还是日本教育界在苦苦探索的问题。

到 2020 年，居住在日本的外国人已达 288 万，中国人是最多的，但来自其他国家的人数也在显著增加。尽管新冠疫情某种程度上像是给"国际化"按了一个暂停键，但在可以预期的范围内，"国际化"仍将是一个不可逆的趋势。大坂直美已经站上了奥运的圣火台，"国际化"及其相关的教育问题，其实也渐渐浮出水面了。

第二辑 社会断面

一句话，就能帮到一个孩子

曾经在日本东京一家超市买东西，回头瞥到一幅很显眼的海报。画面上，一个年轻人想要偷偷把超市的东西往自己的包里塞。一个店员虽然把这一切都看在眼里，却只是走过去，在他身后大声地说了一声："你好（こんにちは）！"

这幅海报有个注解:"积极的招呼声,是为了预防明日的犯罪。"意思也就很明显了——店员是想要用这种方式委婉地提醒年轻人:我已经注意到你了,还请多多自重。

这幅海报给我的冲击很大。因为它不仅展现了一种普遍的呼吁,也即是说,盗窃是一种违法行为,极有可能酿成将来的犯罪,更展示了一种解决问题的实际规则,只要有店员这样稍显异常地和你大声打招呼,那么就最好自我检讨一下,自己的行为是不是存在什么可疑的问题,如果是误会也没有太大的关系。当然,它更体现了一种比较宽容的情怀,在尽可能的范围内,避免将这样的事情声张出来,希望给年轻人留一条退路,也唤起年轻人的自觉。可以说,尽管这幅海报很简单,但其中包含的意思却有好几重,因此让我驻足看了很久。

从右下角的标识可以看出,这是"东京防范偷盗官民合作会议"正式认可并着力推广的海报。顾名思义,这样的组织中既有东京政府的参与,也有民间团体的助力,同样还有很多教育工作者的介入,其目的都是防范偷盗这一社会问题。事实上,大多数犯下偷盗问题的都是还没有高中毕业的年轻人。因此,这既是一个治安问题,也是一个教育问题。像在东京都,2018 年就有 1571 名青少年因为偷盗而被抓。尽管这个数值是在逐年下降的,但依旧不容轻视。

青少年的偷盗问题并不简单,有时候,他们的偷盗行为都不一定完全和钱挂钩,也不完全取决于所在家庭的收入水平。很多青年,或是一时脑筋糊涂,或是一时太喜欢超市里的某个物件,恰好自己兜里又没钱,就有可能犯下过错。事实上,只要经过警察或者学校比较严格的教育,大多数孩子都会在第一时间承认错误。

因此,日本目前在尽可能地降低这种偷盗被发现带给孩子在道德上的挫败感，并不因此就将这类孩子列为"坏孩子"。大多数中小学教师也都经过培训，在遇到自己教的孩子因偷盗而被抓后，不会太多在道德上予以谴责，而是尽可能地和孩子沟通，了解他们当时究竟是怎么想的。这样做的目的，自然是希望孩子们能够引以为戒，不要再犯。另一方面，社会也在采取一些切实可行的措施。我想，大多数到日本便利店里买过东西的朋友，都会在进店门时听到店员响亮的一声："欢迎光临（いらっしゃいませ）！"或许有朋友以为这主要是因为日本服务业极尽礼数，但其实，根据日本商会的专业意见，这也是一种积极有效的预防偷盗的措施。因为，这种欢迎声其实也是在传递一个信号："我清清楚楚地知道您走入了我的店门，我也了解您在店内的一举一动。"因此，很多潜在的偷盗念头会随之熄灭。

我想，东京都少年偷盗人数的逐渐降低，和这种聪明的行为策略还是有关系的。

小城，小图书馆

日本的大学大多没有宿舍，学生们都是自己找地方住。我也是如此，留学时，从住的地方到大学要骑车半个小时。我本就是个有点慵懒的人，加上日本临海，风雨交加的日子多，有时候索性就宅在屋子里，不愿意去地下停车场推那辆自行车。但长此以往，心里难免有些不安，害怕自己把时光浪费了。

后来，我发现自己家旁边就有一家公立的市民图书馆。于是，刮风下雨的日子里，我就喜欢到这家图书馆里坐坐。图书馆很敞亮，每天晚上八点才闭馆，白天往往是些老爷爷、老奶奶，到这里翻翻报纸；到了下午四五点，陆陆续续进来些放学的学生，有些学生一坐就坐到八点闭馆，然后和我一起钻进沉沉的夜色中。我之所以喜欢这家图书馆，是因为它的选书非常精到。当然，不能指望这样的市民图书馆备齐像大学图书馆那样的学术专著，但它所收藏的多是些兼具知识性和普及性的读物，而且基本涵盖了各种门类。在日本，很多大学名教授也会为出版社撰写"文库本"，十万字的篇幅，围绕某一个话题从头到尾谈一谈。这家图书馆就有颇为完备的文库本，大体就像微缩型的百科全书。刚刚到日本的时候，我对日本的方方面面都很陌生，因此最喜欢在这里看日本史方面的书，可以说，我对日本史的大部分知识都是在这家市民图书馆里获得的。

书当然也可以借。图书馆的书从来都有冷门热门的分别。市民图书馆里菜谱之类的书，永远是最火的，因为家庭主妇往往很依赖它们。有时候当我借那些历史书，盖上借阅日期的戳子时，才会注意到，这些书上一次被借阅都是好几年前的事了。不过话也说回来，可能是因为日本人对本国的历史比我熟悉得多，他们大概觉得大可不必借阅这方面的书了。又有那么一段时间，我常常碰到一个日本初中生，好像是突然对天文学有了兴趣，每天坐在地上捧着大大的天文画册，一点点看。天文学的书当然是冷门，不会有人和他抢，我就看着这个小孩，每天放学了都来看上半个小时，看一册换一册，几个月过去，大概把那一小架子天文学的书都饱览了一遍。

这些年走了日本大大小小很多地方，人口稍稍有些规模的地方，总能见到类似的公立图书馆。进去看一看，其实全国都差不多，齐全的种类，小而精的选书，还有，安安静静埋着头读书的人。

很早就有学者指出，教育不只发生在学校。尤其图书馆、博物馆这类面向市民的设施，其实是社会教育极其关键的一环。在我家旁边的这家图书馆里，我感受到了这种教育在切实发挥作用。相对而言，我们国家在这方面的建设还有很长的一段路要走。真正能够服务于社区、深入到普通人生活中的图书馆还是太少。即便是已经建成的一些图书馆里，并不怎么高明的选书往往也很令人感到失望。甚至，越是低劣的图书，越可以靠低廉的折扣成本被放到了公立图书馆，"劣币驱逐良币"的现象并不少见。

但在这里，我还想讲一个更细微的话题，那就是为什么那些几乎没有多少人看的书依旧有摆在图书馆里的价值呢?

这让我想起很多年前我翻译的一本书——《课程》。书的作者是美国芝加哥大学的教授博比特。他在1918年写下的这本书被认为奠定了现代课程的基础。我发现了很有趣的一点是,博比特其实一辈子都是一个"教育管理学"的教授,他在为今天的学校课程奠定基石的时候,常常沿用当时管理学上的一些方法,那就是节省成本、追求产出、提高效率。其实今天的教学规划普遍也是如此,每一步都是要设计的,而每一步教学设计都一定是要在学生那里看到相应"产出"的,比如,某个知识点、某个技能点。整个教学体系都在按效率驱动着。图书馆往往也被这样理解。一本书,仿佛只有人人争相取阅才有了价值,而那些借阅率较低的书,往往被图书馆理解为负资产。

但教育其实不是按照这种逻辑来的。当那个初中生朦朦胧胧地对天文学产生兴趣的时候,那个乏人问津的书架其实就展现了它最大的价值。图书馆是一种开放的资源,这意味着当你有任何问题的时候,都可以在其中按图索骥,找到一本或许有点积灰的书,走向一个陌生但新奇的世界。我其实很久没有再见过那个初中生了,或许是忙着去考高中了?或许是一家人搬去别的城市居住了?我没有机会跟他交流交流,但我相信,他曾经有过一段非常快乐的、探索欲得到满足、天文学知识一步步累积起来的时光。这不就是教育里最美丽的风景吗?

我所看到的
看漫画的日本人

那天和一位日本同学聊天，聊到了幕府时代的天皇其实没什么实权，权力都在德川将军手里。同学也是可爱，小步跑到我面前，先站到一侧，模仿天皇的样子说："将军，天下就交给你了。"接着又站到另一侧，模仿将军的口吻说："好的，请在京都颐养天年，我在江户（也即今天的东京）就不来打扰您了。"

日本同学在生活中很爱演这类小品，我看着他一方面想笑，另一方面又总觉得这套东西有些似曾相识。直到某一天我突然明白了，这就是漫画啊。

日本漫画对我们而言不算陌生。我自己作为"90后"，小时候爱看《机器猫》，大一点看《龙珠》，到了高中也一直追着《火影》看，身边喜爱漫画的同学数不胜数，当然，我们的漫画书都被老师一而再再而三地收缴。不过，当时能见到的漫画也只是那些被翻译过来的，几种而已。等到我留学日本，进了日本的书店时，才真正感受到了一个漫画大国是什么样子。

日本漫画就像是真实世界的一种缩拟版，真实世界中几乎所有可能的题材都被画进了漫画。那些在中国已经耳熟能详的我就不讲了，一些相对冷门的或许值得一说。譬如有位横山光辉，画《三国志》，把波澜壮阔的三国史幻化为三十卷的漫画长篇，几乎是所有日本男孩子的三国启蒙读物；他也画《史记》，把司马迁笔下错综复杂的故事统统变作漫画。一位横山光辉的影响，不见得会输给历史课的教材。日本史、世界史题材的漫画同样不少，从远古到当下，稍有些名气的历史人物几乎都有自己的漫画形象。我也见到了一些漫画是专为学生们学习理科用的，把物理、化学、生物的知识都变成漫画中的一问一答，很像是早些年的《海尔兄弟》。甚至，有人把高深莫测的康德哲学都用漫画演绎了一遍，书后还会一本正经地列出参考文献。

可以说，在日本，一个人如果想要轻轻松松地对这个世界什么都知道一点，搜索软件未必最好用，漫画反倒可能是不错的选择。尤其经过高度的市场细分，日本既有给孩子们的、充满稚气的漫画，也有精雕细刻、给成年人看的漫画。一个日本人，大概是可以和漫画打一辈子交道的。

然而，我何以说我的同学在我面前演这么一出小品，就是漫画呢？因为这就是漫画的核心表现形式，即一人一句的对谈。漫画是方寸间的艺术，很难施展开表现大场面，因此一页漫画里往往只能容下两三个人，他们的喜怒哀乐、背景的铺排、剧情的推进都只能通过这两三个人的动作和语言来展现。漫画又不同于动画，一套动作只能以一种静态方式呈现出来，很多时候还得靠语言来补足，甚至可以说，"文戏"往往成为关键的关键。这是任何漫画都必须遵循的规律。我的同学知道先模拟一下天皇的语态，再站到对面戏仿一下将军的神情，简直就是漫画里不折不扣的两个镜头。当然，他真的就是个漫画迷，还是个念哲学专业念到博士的漫画迷。可以说，漫画这种表现形式已经深刻地浸润到了日本人的思维方式当中。

不过，这种漫画的思维方式是一种高度聚焦于个体的思维方式，它将一切逻辑都归于具体的个人，而且必须转化为这个人具体的动作、表情以及语言。这使得很多漫画往往在开篇能构筑起一个宏阔的背景架构，但越画到后面，越局限于几个主角之中，并且越来越倚重于令人难以信服的口头说教来推动情节发展，《火影》就是此中代表。对我的那位同学而言，江户时代天皇和将军的关系，仿佛被抽象为了天皇和德川将军两个人的私人关系，所谓"权力关系"也就像一个小物件一样，在一格漫画里就从一个人的手里递交到了另一个人的手上。这一时期日本的社会秩序、经济结构、好几百年来的权力演变，肯定都不在这一格漫画的考虑范围之内。

这是一种有趣的悖论。发达的漫画使很多日本孩子可以充分地玄想中国的三国时代，把自己代入刘关张，去驰骋沙场。因此，倘若一个日本少年对三国人物如数家珍，实在不足为奇。但与此同时，他所玄想的那个世界又仿佛是一个社会形态很模糊，时代背景也不甚明了的空中楼阁。我想，漫画的优势与劣势似乎就是一枚硬币的两面。

在日本，我几乎是将漫画作为一种"教育辅助读物"来看待的。事实上，从美国知名学者劳伦斯·克雷明（Lawrence Archur Cremin）开始，漫画、电视、流行音乐之类早已经被视为一种能量巨大的"社会教育"了。当这些东西深深嵌入一个民族相当一部分人的思维方式中的时候，我相信，它们是不容忽视的。

为什么是奶茶？

2019年7月，为了查阅一批历史档案，我回到了暌违一年的东京。日本是个不怎么变的国度，几年前的街道几乎还是老样子，但那一次却有一个明显的变化，时时跃入我的眼帘，那就是一种叫作タピオカ（ta-pi-o-ka）的东西到处都在流行。在网上一查，タピオカ，竟然是2018年年末的头号热词。

尽管看上去有点玄乎，但其实这个タピオカ就是我们的"奶茶"，尤其是那种"珍珠奶茶"。

至少在我留学日本的几年间，从没在日本见过奶茶店，几次和日本同学到中国香港参加学术会议，我都让他们尝尝香港的奶茶，他们会一边用嘴啜"珍珠"，一边和我惊叹，世间还有这么好吃的东西，可见那时候奶茶在日本没有什么市场。但这次在东京街头，我能见到一群又一群的年轻人，手捧奶茶，说说笑笑地走过去，有时候则是妈妈和孩子，各捧一杯奶茶，边喝边笑，这景象是我过去所未见。

几乎所有日本人都和我说，把珍珠奶茶带火的，是年轻女孩子。

确实，排在奶茶店门口的大多数都是女孩子，而且往往是成群结队而来。身为一个男性胖子，我自己其实是爱喝奶茶的，砂糖的甜味和珍珠的润滑，给人带来一种难言的幸福感。我想，这些年轻女孩子，尤其是穿着校服的高中生们，恐怕也是喜欢享受这种幸福感吧。

2019年，在东京商店里排队等奶茶的人

日本有比较严格的"给食"制度，学校里的每日餐饮都配置得比较均衡。如果看看他们的配食标准，不难发现，碳水化合物这一类是控制得比较严格的。砂糖制成的食物，在日本学校的餐饮里，尤其少见，这一点和日本中学生普遍长得比较瘦是有关系的。但教育的麻烦往往在于，"好"的东西往往未必是让人"舒服"的东西。因为糖，毕竟可以算是一种让人能明显感到"滋味"的东西。而大多数日本学生其实会抱怨学校的"给食"不好吃，并不是说日本校方有意克扣食材，而是以健康为宗旨的菜肴往往会抑制味觉方面的过度刺激。然而，青春期里急速成长起来的孩子恐怕也有着世上最蠢蠢欲动的味蕾，因此往往不满意学校的这种"好心"。

下课后的孩子们，来喝杯奶茶，原因之一恐怕就在这里。三三两两的女生结成伴，在奶茶店里享受的，其实是一种学校里没有的味道。日本社会的美国化程度很高，社会上的主流饮品是咖啡。像我的指导教授，常常手捧一杯冒着热气的苦咖啡来找我聊天。还有一些更传统的人则偏爱日本茶。但无论咖啡还是茶，其实都未必完全契合年轻人的味觉，或者偏涩，或者偏淡，好像总和年轻人想要的那种感觉不完全一致。我过去总是见到各种饮品公司在研发咖啡和牛奶或者别的什么东西的配比，配成各种各样更润口的味道，但都谈不上特别成功，没成想，奶茶这种东西在过去一年间横空出世，把这块市场包揽了下来。我确实要承认，奶茶就是年轻人的味道。

我当然不觉得日本的"给食"制度在可见的未来会有任何的变化，也不可能在学校菜单里给砂糖一个更正牌的名分，毕竟这关系着"健康"。但人之所以复杂，就是因为仅仅"健康"两个字并不能完全涵盖我们所有的饮食活动。在学校里吃着"给食"的孩子，其实有自己的办法，吃到自己想要的味道。我们可以将其理解为想要在学校生活之外透口气，所以奶茶店门口的高中女生们才会笑得那么灿烂。尤其，假如自己班上的好朋友都约着要去品尝一下奶茶，或者买完一杯奶茶后，还要拍张照片，再发到社交网站上去的时候，购买奶茶的行为其实就构成了"校园亚文化"的一部分。它不属于正式的规章制度，不是以法律形式规定下来的《学校给食法》的样子，它是附着在这种官方文化之下，更隐蔽的一层文化形态。很多孩子的生活都是被这种亚文化所塑造的。

从这个意义上讲，很多中国孩子爱吃的零食，会不会是一个道理？

KTV 里的日本人

日本人是怎么唱 KTV 的呢?

KTV 这些年在中国已经非常普遍了。记得我念高中的时候,周末放松一下,班里同学呼朋引伴去 KTV"鬼哭狼嚎"一番已是常有的事了。日本也是如此,KTV 是课余或者饭后很多人选择的休闲方式,教授们有时候也放下架子,和我们一同进去唱两首。中国的 KTV 大多是这些年建起来的,装潢非常现代。日本则不然,大多数 KTV 好几十年前就有了,彻底翻修未免成本太高,而且免不了让客户流失,因此总是零敲碎打地更新设备,较之中国,总体显得老旧。当然,在东京一些繁华地带,时尚现代的 KTV 肯定不少,但以我所见,大多数日本老百姓消费的也就是非常普通的老店。最有趣的则是有些颇有年头的小酒馆,附赠 KTV 功能,专门招徕六十多岁的顾客,让他们在喝着小酒的时候,还能唱几曲上个世纪的老歌。

KTV 里都有一个小机器,手指划一划就能点歌。日本人点歌很有趣,每个人只会点一首,然后把机器传给下一个人。机器就这么在众人之间传上一整圈,再回到第一个人手里,再由他点自己的第二首歌。唱歌固然欢快，但日本人这一圈圈轮转的秩序却一点不会乱。至少在我的经验里，我们在中国唱KTV，当然是一口气点上好几首，反正后面点歌的人还会有插歌，最后的结果大抵算是乱中有序，而像他们这样，所有人共同遵循一个公开的规则，我还真是留学日本之后才见到。这样的规则，自然就扼制了"麦霸"的产生，每个人的机会大抵相同。更有趣的是，一首歌是谁点的，往往就由谁从头唱到尾，没有那种兴致来了之后抓起另一个话筒就合唱的人。倘若别人点的歌也是自己的最爱，最多也就是拿起沙锤打打拍子，或者跟着唱而已。当然，有时候几个要好的女生也会合计着一起唱一首歌。我有一次问他们为什么，他们说，既然是别人点的歌，想怎么唱就是别人的权利了，自己怎么好意思插一脚。日本人常常把"ルール"（规则）这个词挂在嘴边，搭个电车、过个马路讲究"ルール"，与人初次见面聊起天来也有些"ルール"，即便在KTV里，仍逃不出这"ルール"。

这种规则的好与坏，我觉得一言难尽。但在这里，我倒是很想讲一件令我感到羞愧的事。

那时候，有位教授要退休了，就通知我们，他打算将自己的一批书和学术期刊散出来，谁有需要自取即可。第二天我们去教授办公室，他已经将不需要的资料一字排开，摆在了走廊上。我一眼就看到一本自己很感兴趣的期刊，是岩波书店《思想》的整1000号，本着"先到先得"的想法，我直接就把那本杂志拎了出来，想着算是归自己所有了。结果日本同学跟我说，刘君，"ルール"不是这样的。

那该是什么样的呢？他们拿出了小贴纸，每个人都在贴纸上写上自己的名字，然后，遇到自己中意的资料，就将贴纸贴上去。如果到最后，某一本资料上只有一份贴纸，自然就归那个人所有，如果有好几份贴纸，就表明有好几位同学同时都看上了这份资料，那大家再用猜拳的方式决定它的归属。我就看着这一群人，一个个忙不迭地写贴纸，贴贴纸，最后再一本一本地猜拳。有时候一本书有两个人看上，剪刀石头布三胜两负；有时候可能是三四个人都看上了，那就围在一起出拳，还很花些时间呢。当然了，大家的气氛很友善，在猜拳里侥幸获胜的人往往也会说，将来如果有人想借去复印，随时欢迎。

至于一开始被我看上的那本岩波书店的《思想》，我不知道日本同学是不是见我那么心切，就不愿意和我争了，因此上面只有我一个人的贴纸。杂志固然是到了我的手里，但我心中的滋味却是很复杂的。那似乎是第一次，在这种"ルール"面前，我有一种被教育的感觉。

珍藏至今的《思想》杂志，上面有同学的贴条

说回 KTV，还有一点给我留下了很深的印象。在国内 KTV 唱歌，好像一个年龄段有一个年龄段的歌。我自己进 KTV，基本就是唱周杰伦和陈奕迅这一批歌手的歌，更年轻的一辈人爱听哪些歌我已经全然

不知道了。至于我的父母那辈，大概还是对红色经典最为熟悉。大体来说，音乐就像是时代的标签，标志着一代人和一代人的显著差异。

然而日本KTV里一个很有趣的现象是，日本人几乎不会对不同的音乐产生这种感受。我身边的日本朋友，可能上一首歌还点着当下最时髦的椎名林檎，下一首歌就跳到1977年的《银河铁道999》，甚至更往前，1966年的《奥特曼》。对他们而言，这中间并不存在什么太大的落差。而且，似乎所有日本人都对这些歌很熟悉，都能跟着哼起来。这件事一直带给我很大的冲击，这就好比我的一个中国朋友上一首歌还扣着鸭舌帽唱最新的饶舌，下一首歌竟又一本正经地唱回了《红灯记》。

和日本人聊了很多次，我才终于认识到，我们和日本人的时间观念是不太一样的。对中国人而言，"文革"结束、改革开放就是一个分水岭，我们的整个社会文化为之巨变，它使得我们这辈人和父母一辈从小开始耳濡目染的东西都大不相同。之后我们的国家跨越式发展，不出十年就是一番天翻地覆，音乐自然也跟着走马灯地换。生在不同的年份，从小听到的歌都大不相同；进到KTV，这种差异就会明显地显露出来。反观日本，虽然在"二战"中损失惨重，但到1950年，受益于朝鲜战争带动的军需，整个国家的经济高速发展，一直延续到20世纪70年代，之后就是漫长的稳定时期，即便90年代泡沫经济破裂，但人们的生活早已经趋于稳定。甚至可以说，泡沫经济的破裂反而使得这种稳定趋于稳固了。这种漫长的稳定时期塑造了日本人一种非常延绵的时间感，远和近、新和旧的边界远比我们模糊，20世纪70年代的歌，听上去也就一点不会觉得古旧了。但对于我们这样一个最近四十来年发生着翻天覆地变化的国度而言，四十多年前的事，简直有"白头宫女在，闲坐说玄宗"的感觉了。

有缘诺贝尔

2019年,诺贝尔奖评选委员会将71岁的日本学者吉野彰选为诺贝尔化学奖的三名得主之一。与平时我们习惯的获奖者多为某某大学的教授不同,吉野彰长年工作于一家名为旭化成的日本化工企业,并且在这里为锂电池的工业化普及作出了很大的贡献,这也是他获奖的原因。尽管也受聘担任一些大学的客座教授,但他的主要工作阵地还是在工厂。事实上,迟至2005年,他才拿到自己的博士学位。在获奖后,日本媒体反倒是对吉野彰的夫人——吉野久美子有了很大的兴趣,因为在媒体见面会上,吉野彰与妻子一同出席,而久美子非常坦率地打趣起了丈夫过去的辛酸。

吉野久美子说:"以前睡醒了之后,常常见到他枕头上满是掉下来的头发,啊,压力太大了呢!"吉野彰赶紧说,大概是三十年前的时候吧,那时候正是研究锂电池最困难的时候。诺贝尔奖得主一说,现场的人都笑开了花,因为如今吉野的额头上确实掉得没剩几根头发了。久美子还说:"我和他结婚,根本就没有和一位'研究者'结婚的感觉,反倒像是和一个工薪族结婚了一样。他回到家只是傻睡，还把呼噜打得震天响，但从来不跟我说研究上的事情，当然了，研究的事情，说了我也一无所知。而且啊，他从三十来岁的时候就天天工作到深夜才回来了，连周末也都搭了进去。"

吉野久美子是她那个年龄很常见的日本家庭妇女，全身心支持丈夫的事业，哪怕丈夫做的这项工作自己一无所知，哪怕丈夫把周末的时光都用在了工作上，依旧无怨无悔地相伴终生。我相信吉野夫妇是非常恩爱的一对夫妻，在采访的最后，媒体给他们各送上一大束花，让他们相互对看，留下倩影，两个人竟然害羞地不知道该摆出什么样的表情。

从 2000 年以来，日本（包括日裔美籍）学者接连拿下了 19 个诺贝尔奖，几乎每年都会产生一个。从媒体的一面来看，每每有人获奖都会成为当天的头条新闻，见面会的架势很快就会拉开。不过，这些获奖者往往不怎么讲一些特别斗志昂扬的话，却总是会回想自己当年最艰难的一段研究时光。与此同时，报纸上几乎又都同时会有文章，表达在这种屡屡得奖的盛况之下的担忧。例如，日本对基础科研经费的投入力度有所减缓，过去的科技大国地位已在很多方面被中国赶超，年轻科学家的生活应该更稳定一点，等等。2018 年获得诺贝尔医学奖的本庶佑教授，更是在获悉得奖后立刻就直陈了自己的担忧，希望政府在基础科学方面有更多担当，并且慷慨捐出了全部奖金。这是让我感到好奇也感到有趣的一种当代日本社会的气质——天大的好消息出来的时候，也会有人看见里面潜伏的问题；多么重大的社会新闻出来的时候，当事人也只是从自己生活的那些点滴开始娓娓道来。某种程度上，日本是一个没有"主流话语"的社会，每个人都好像只是其中的一个很微小的声部，只是偶尔像浪尖一样冒出来罢了。2019 年的吉野彰和妻子吉野久美子大概就是这样的典型。

这不，就在我刚刚要为这篇小文收笔的时候，这一年最强的台风据传即将上岸。电视、报纸，到处都开始播报台风的消息，好像把昨天的诺贝尔奖刮跑了一样。

人口辩证法

这些年，人口的"少子化"成为一个中国越来越需要直面的问题。新生婴儿减少，不仅带来劳动力的短缺和养老负担的加重，也会使一些地区的入学儿童数量锐减，学校陷入无米下炊的境地。我有时候在一些偏远点的地方，已经看到一些废弃的学校开始被挪作停车场、养老所一类的用途，可以说是这一现象最真实的体现。而一般意义上，我们谈论"少子化"问题，都是从日本谈起，因为最鲜明地体现这场危机的就是日本。

1989年，日本改换"平成"年号，从那个时候开始，低迷的生育率就出现了，随后一直笼罩着平成时代，到2005年，日本出生人数第一次少于死亡人数，换言之，从这一年开始，日本的总人口已经出现了逐年下降的趋势。到了2016年，日本的出生人数甚至第一次跌破了100万的关口。由此导致的一系列社会问题都被称作"少子化"问题，而教育是其中比较突出的一项。不过，"少子化"并非一个突然而至的问题，日本也并非没有尝到过"人口红利"的滋味。

1945年后，日本逐渐在美国的帮扶下重振了经济，并且很快进入高度成长时期。当时的日本，社会稳定，经济向好，也催生了第一波婴儿浪潮，这突出体现在1947年到1949年的三年间近乎膨胀的出生人口。当时的日本，不仅远没有今天的"少子化"危机，甚至可以说，倘若不是一路高歌猛进的经济发展态势，这些人口怎么安置都是一个棘手的问题。对教育来说，这种人口趋势带来的影响有其两面性。从好处来说，急剧膨胀的人口支撑了日本教育复兴，从小学到大学，整体都在扩张状态。随着城市化逐渐推进，富足的家庭越来越多，家长也都有了向教育投资的意识。相比之下，在战前的日本，所谓教育普及，指的无非是小学教育的普及，甚至很多人未必能够完整地念完小学。而到了1960年，日本的高中升学率已达到56%，到1975年，更是达到了91.9%，可以说，整个教育生态发生了翻天覆地的变化。

但是，这一时期也出现了一些问题。最大的问题就是，政府哪怕竭力投资，新办学校也赶不上不断涌现出来的孩子增长的速度，因此，大量的孩子都比肩接踵地挤在有限的学校空间里。在当时的日本小学里，一个班有五十来号学生是再正常不过的了。大家都得规规矩矩地在座位上坐好。为了照顾这样巨大的班额，日本教师执行的都是非常严肃的"灌输式"教学、"一言堂"式教学，一个人在讲台上滔滔不绝，把知识掰开揉碎地讲透彻，那种风景其实和上世纪90年代中国绝大多数的学校并无两样。而另一方面，因为儿童数量剧增，为了升学而举办的考试自然就加剧了竞争。尤其是"二战"后日本骤然涌现了婴儿浪潮，这批孩子正好在20世纪60年代末70年代初达到大学入学年龄，直接推动了上世纪70年代日本"考试地狱"的残酷格局。当时，为了考入自己心仪的高中以及大学，不少人真是头悬梁锥刺股，玩命地学。也正是在这一时期，学生频频爆发的心理问题和层出不穷的校园欺凌逐渐为人们所知，其实原因也不太复杂，就是孩子们心理压力太大，而学校空间过分逼仄。

后来，因为城市化带给人们生活的诸多改变，日本在20世纪90年代突然就迎来了人口增幅的骤减，自此"少子化"的问题就没有得到根本性的好转。由此带来的问题这里不必赘述。但有趣的是，少子化却也给日本学校带来了一个突出的转变，那就是学校里的孩子变少了，升学的竞争压力相较过去也减弱了很多。而且，正是因为班额变小，现在很多日本小学里一个班的孩子也就二十来个，教师反倒有了不少施展的空间，活动课程真的有了落实的可能。更为重要的是，日本教师开始从一个一言堂式的主讲人，逐渐谋求身份的变化。现在，教师最主要的工作是推动学生自己去探索，去研究，去求取知识，教师变为了"学生学习的组织者"，或者"学生背后的帮助者"，而不仅仅只是一个"知识的传递者"。其实，只有理解了这一点，才能理解佐藤学教授近些年的工作何以会产生那么巨大的影响。

"少子化"当然会是一个问题，但同时，它也会是一个机遇。未来中国教育转型的契机，或许就在其中。

第三辑

学校日常

日本幼儿园的
不言之教

这些年有越来越多的中国学者和幼儿园教师到日本的幼儿园里访问了。日本幼儿园有很多细微的做法颇费思量,又很能见到效果,值得我们借鉴。只是,我个人总觉得,大家参访的时间往往也就一天而已,而日本小孩平时又实在太乖,在外人面前尤其乖巧,因此很多时候只留下一种有些虚幻的印象,仿佛幼儿园的一切都那么和谐。事实上,多待一待就会感觉到,日本幼儿园的小朋友之间同样也有许多冲突、矛盾,而化解这些问题,从来都是日本幼儿园教师最核心的工作之一。

有时候,孩子之间起了冲突,日本教师会采取一种名为"見守る"(mimamoru)的处理策略。这个日文词汇可以拆解为两个动词,"見"和"守"。所谓见,是一种很近的关注,是目光所及;所谓守,则是稍稍带有距离感的守护、守望。也即是说,教师会有意识地看着起了冲突的几个小孩,但又极少介入其中,只是守望着他们,等待他们自己得出一个妥善的解决方案。小孩其实很聪明,老师在一旁看着,多多少少会带来一些压迫感,但他们也知道老师不会刻意居中调解,因此只能自发地调解相互间的矛盾。很多日本教师知道,教师在和孩子们朝夕相伴的过程中总会有盲区,有时候像法官一样判定了哪个小朋友对,哪个小朋友错,难免就会有冤枉了谁的可能性。"见守"的方式颇耗时间,但让小朋友自己去判定谁对谁错,他们就很少抱怨或者觉得委屈。更重要的是,日本教育素来注重集体感,而"见守"的方式其实是事后稍稍带有一点外在压力的,将几个孩子围到了一起,让他们不得不为了达成一个小小的共识而你来我往。一个真正意义上的集体,往往需要这样一些契机,才能逐渐形成。

我曾看过一位老师很有心的课堂记录。那是由十来个小朋友组成的小团队在做饭团。本来捏好的饭团要装在盆子里,搬运到锅里蒸一下。结果一个叫理穗的小女孩没留神,手上一滑,就把半盆饭团打翻到了地上。刚刚还和和气气的小伙伴们,这时候就纷纷指责理穗了,"都是你的错"之类的话慢慢就出来了。还有个反应慢一点的小朋友,干脆坐到了地上,玩起了撒了一地的饭团。

但老师保持着耐心,并没有介入到这个小组中去,只是在旁边看着他们,甚至那个玩着地上饭团的小朋友,老师也没有干预。过了很长的时间,有个小女孩说了句,"也不只是理穗的错,我也搬了盆子的",然后就哇哇哭了起来。这时候小朋友们仿佛才回过神来,觉得盆子是大家一起搬的,似乎谁都有点责任。老师选择在这个时候说了一句:"那就这么一直争论是谁的责任吗?"

小朋友们这才觉得,好像再讨论是不是理穗的责任已经没什么意思了。这时候有一个小朋友主动去拿了扫帚,开始清理掉在地上的饭团，后面几个小朋友陆陆续续地加入，慢慢把地扫干净了。当然，理穗是里头出力最多的一个。后来，几个小朋友还商量了一下剩下的饭团怎么办，掉在地上的也就算了，盆里剩下的饭团，大家分一分还是吃得很开心。

整个过程老师其实只讲了一句话，但就像化学里的催化剂，时机把握得很好，让小朋友们之间的氛围为之大变，其余时刻，老师都在耐心等待孩子们自己寻找契机，调解小组的关系。我想，这是一种很典型的日本"见守"式处理方式。

当然，这种处理方式对教师要求并不低，既需要耐心，也需要教师对学生充分的熟悉，更要找到一个恰当的时机来表达教师的关心和意见。有时候，教师如果介入得过晚或者没能把自己的关怀传递到孩子身上，也会让一些像理穗这样的小孩产生一种受到了欺凌的感觉。但是总体而言，这是一种很有价值的做法。从某种意义上讲，这也是幼儿园教育和家庭教育明显有所分界的地方。在家中，父母对孩子的照料是本能性的。孩子处在父母关照的中心，往往有什么需求都会很快得到反应，无论他的需求能否得到父母的满足。但是，步入集体的幼儿园生活之后，每一个孩子都没法成为绝对的中心。教师往往难以兼顾所有的小朋友，因此也就更需要让他们形成一种集体，自己寻找到调解问题的途径。对小朋友而言，这是很难的一课，但也可以说是很关键的一课。

自 20 世纪 80 年代开始，很多美国学者开始对日本教育产生兴趣时，均将这种现象视为日本的幼儿园教师不能及时反馈儿童的需求，从而判定很多日本教师存在素质缺陷。或许，对很多美国的教师而言，一旦学生出现任何问题，均需要及时介入。但今天回过头去看，这一批美国学者的理解无疑显得过于粗暴了，过于将自己的教学文化视为金科玉律。很多日本幼儿园教师的"见守"行为，其实是一种要求很高的教学方法，更和日本教育对集体性的强调紧密联系在一起。这便是为什么大家常常讲，单纯的英文论文解决不了中国的教育问题，因为每一种教育行为的背后都牵涉到复杂的文化背景问题，其实更需要这种文化背景中的教师和研究者共同贡献教育智慧。

学生为什么
要给学校做清洁？

我念小学和初中的时候，班里是要做清洁的。大家集体做，每天分配好名额，学生三三两两拿着扫帚、拖把、抹布，把教室擦个遍。当然，小孩子往往调皮，偶尔假装忘了自己该值日，或者出工不出力，想蒙混过关的也不在少数。除了班干部，大家似乎不太在意。我见到的一些日本公立学校与我的中国经验大体相仿，也是集体大扫除。相对而言，日本大扫除的范围更广，学校的公共设施，例如操场、体育馆一类也需要由孩子们来清洁，部分学校的厕所也是由孩子们清扫。小朋友戴着口罩，把帕子打湿，撅着屁股来回擦地板的样子确实很是可爱。

但这种情况并不是天然就合理的。一个巨大的麻烦就在于，日本的教育法规里并没有将学校的清洁活动明确地规定为学生的学习义务或者课程内容，因此，这种情形更多的只是一种习惯，或者说，是学校文化的延续。对此持反对意见的人并不见得少。1962

年，就有一位小学六年级的女生将学校告上了法庭，认为让学生做清洁，是"强制性地让人服苦役"。尽管法庭最后判决这只是教育活动的一部分，没有支持这位小女生的诉讼，但对很多学校管理者而言，这种事情就像是悬在头顶的达摩克利斯之剑，始终是个不小的麻烦。一些从私立学校毕业的日本同学告诉我，他们的学校早已经不让学生做清洁了。私立学校里，家长往往收入更高，不愿意让孩子做这类事，觉得花钱雇几位保洁员就能解决的事情，何必折腾孩子。

这一争论在今天的日本还在持续，暂时还难有定论。不过，在一些教育学学者看来，这其实还关系着一个更久远的文化背景问题。

佛教中有一个周梨盘陀迦的故事。周梨盘陀迦以生性愚笨而著名，随佛陀修行三年，却记不住一句佛语，故而在精舍门外，立而堕泪。佛陀见状，让他不用叹气，给了他一把扫帚，令他每天诵"拂尘除垢"，打扫精舍内外。周梨盘陀迦谨遵佛陀的教诲，每日风雨无阻地打扫精舍，同时诵念"拂尘除垢"这四个字。经年累月，周梨盘陀迦扫除了心中一切尘垢，终悟道成佛。

在日本著名的比较教育学者冲原丰（1924—2004）看来，佛教中这一传统的影响是极大的。从印度而始，大乘佛教向北传入中国、朝鲜、日本，小乘佛教向南普及于东南亚地区，据冲原丰的实地考察，两个地域内都有着延绵已久的僧侣打扫卫生的传统。我想，很多去过泰国、缅甸旅游的朋友都不难见到僧侣们三三两两伴着日出徐徐打扫寺庙的场景。中国其实也颇受此影响。《朱子家训》里就有格言曰："黎明即起，洒扫庭除，要内外整洁；既昏便息，关锁门户，必亲自检点。"可以说，在世俗层面上，这种观念是颇具约束力的。新中国成立以后，受到苏联教育学的广泛影响，强调"德智体美劳"全面发展，其中"劳动"这一项就和大扫除这一类活动密切联系了起来。中国的教育传统和新时代的教育理念很融洽地匹配到了一起，故而这类集体活动就能顺利地展开。我小时候所参加的班级清洁活动，大抵就属于这一教育理念的余绪。

日本同样如此。在日本中世时，佛教的影响极大。例如当时著名的永平寺，修行僧侣有所谓"日课"，其中早晨八点到九点，就是打扫寺庙内外。"扫除""看经""读书"，三者历来并举，可见清洁活动被认作是修行的重要一环。这一思路从寺院教育到寺子屋教育再到明治维新以来的新式学校，一脉相承，并演变为今天的清洁活动。我们都知道日本人爱干净，这一传统在很大程度上塑造了日本人爱好干净的国民特征。

与亚洲形成鲜明对比的是，欧美学校历来都是将清洁活动委托给专门的保洁员。从历史上看，古代欧洲往往让奴隶来从事清洁这类卑贱的工作，而将学校视为一种传授知识的高贵地方，由此自然就产生了分化。而从更现实的层面来看，欧美的劳工往往有庞大而有力的工会。随着专业分工的日趋细化，学校中的清洁员成了一项专门职业，自然也在工会的保障范围内。为了保障这些工作岗位不会被学校里的孩子夺走，工会还会和学校对簿公堂。在美国的加州等地区，早已经有相关的案例，都判学校不得轻易解雇保洁员。在这种情况下，倘若校长还要求学生们去做清洁，很可能会被家长告上法庭。

20世纪80年代以后，随着国际间交流越发频繁，很多日本家长到了美国，见到美国学校的情形，会回过头来质疑日本国内的状况。一些家长便开始选择将孩子送到不做这类清洁活动的私立学校里去。

这种学校和家长之间的拉锯战到今天还远没有结束。中国总体来说还没有出现类似的情况，但随着整体社会愈加富足，又或者教育分化愈发明显，这些过去不是问题的事情，将来可能都会成为困扰教育管理者的难题。

图鉴，
日本的一种选择

我有一段时间在研读日本的小学语文课程标准，也即《小学校学習指導要領·国語》。自己在参访日本中小学的时候，往往能观察到日本教育的一些特征，有些会不太理解，有些会微微感到诧异，这个时候再翻出来他们的课程标准，就觉得有些东西变得可以理解了。

日本的语文课程标准也是以能力为导向的，这一点和今天我们国内谈的"核心素养"大抵相同。总体而言，课程标准将小学语文的目标划定为三项：

"1. 对于日常生活中所必需的国语，能够理解其特质，并恰当地使用；2. 在日常生活中的人际关系中，提高传达自己心意的能力，培养思考力和想象力；3. 认识到语言的美好，并培养语言的感觉，自觉意识到国语的重要性，尊重国语，并且培养出想要让自己的国语能力更高的态度。"

紧接着，课标以两年为一个阶段，将小学划分为三个阶段，每个阶段所需要培养的能力都逐节提升，最终达成整体目标。

总的来看，日本的课程标准要比我们宽松，对目标达成度的要求大概也不如我们严格。例如对读书这件事，日本对一、二年级学生的标准是"亲近阅读，知道这个世界上有各种各样的书"。这是一个非常有趣的说法，因为我们会划定比较明确的推荐书目，每个年级可以从哪几本书里挑一本读，都是比较固定的，而日本则是要让孩子们"知道这个世界上有各种各样的书"。要实现这一点，就需要日本的学校图书馆和社区图书馆发挥作用，提供出一个真真切切的所谓"各种各样的书"的样子。这一阶段的课标里没有推荐书目，但却明确提出了希望孩子们多利用学校图书馆的"图鉴类书籍"，这就让我一下子明白了为什么日本的书店和图书馆里总有很多这类厚厚的——当然，我所谓的厚，有些是相较于小学生的手掌大小而言的，但有一部分即便对我而言都算挺厚的——图鉴。尤其是《宇宙图鉴》《地球图鉴》《动物图鉴》之类的书，从宇宙大爆炸到我们身边的萤火虫，漂亮的彩色照片，配上简明流畅的简介，我常常在书店里见到孩子拉着妈妈的衣角让妈妈讲解给他听。有些东西其实离我们很远，例如在北极生活着的北极熊，或者与我们最少相距 5500 万公里的火星。但图鉴往往会把孩子和它们的距离拉得非常近。到现在，我才明白这就是课标的力量。是课标，明确地将图鉴摆在了一、二年级小孩子面前。我在以前也讲过，日本是一个非常讲求实际感的民族，任何东西都要亲手去掂量掂量，亲眼去打量打量。我想，图鉴或许在很大程度上培养了日本人的这一特征。

其实，图鉴很早就有了。中国古代便有所谓"左图右史"的传统，图像的重要性并未被看低。步入工业时代以来，图鉴可以实现铜版印刷。但那个时候，图鉴就是一种微型但又门票不菲的博物馆，它固然可以收纳这个世界上各种各样奇奇怪怪的东西，但想要买下一本图鉴却往往是那些富有的猎奇家的特权。这和今天那些装潢精美、价格昂贵的画册是一个道理。在日本，要到 20 世纪 80 年代，随着社会的整体富裕，家庭教育方式的改变和教育需求的增加，再加上印刷技术的发展，有些出版社才开始策划、出版这种价钱并不太高、绘图仍算精美、讲解兼顾了科学性和易读性的图鉴类书籍。技术的成熟和社会的成熟正好合拍，才催生了这样的产物，我们比较熟悉的日本出版社"小学馆"就是在这股浪潮中崭露头角的。当然，那种昂贵的、基本只为某一专门学科领域读者服务的图鉴仍有自己的市场。这两者越往后，就越是走向了泾渭分明的两种发展轨迹，很少有交集。

过去数十年的时间证明，图鉴的教育效果是很好的，由此才会被写入课标，而且是小学低年级唯一明确指出的读物类型。可以想见，很多孩子在阅读图鉴的过程中会对这个世界产生一种多么惊奇的认知，而那些鲜艳亮丽的图片也许会给他们的一生都染上色彩。

从这个角度来说，把"图鉴"两个字写在课标的低年级阶段，是充满睿智的选择。

孩子们的饭，
校长们的天

曾有一位日本朋友和我说笑，说对日本的小学生和初中生而言，中午吃什么，从来都像是一个哲学问题。日本的小学大多在下午4点40分下课，初中在6点下课，之后孩子们各回各家，晚饭全看各家家长的手艺，但午餐基本都是在学校里吃的。在日语里，这一餐被称作"給食"。学校里做饭，毕竟要考虑到大多数人的口味，集体烹调，就没法像对自己的爸妈那样，要求吃这个吃那个了，或许偶尔才能碰上自己最喜欢的饭菜，那感觉是有点宿命论的哲学意味了。

给食的历史并不算特别长。明治22年（1889年），在山形县一所名为忠爱的小学，鉴于部分学生家庭贫困，校长特意给他们每天中午做一点饭团、烤鱼和咸菜，以鼓励孩子们好好读书。这多被认为是给食的开端。日本在现代学校建立之初，农村地区的入学率一度徘徊在较低的水平，因为很多务农家庭本来就贫困，小孩如果帮父母种地，还能给家里创造些经济价值。让孩子去念那一眼望不到头的书，当时确实让很多农村家庭不能接受。因此，一开始的给食有一种很浓厚的济贫意味，城市学校并未普遍展开。尤其中日之间的战争全面打响之后，日本本国的粮食供应也出现了紧张，从统计数据来看，当时小学六年级学生的平均体格和今天日本四年级的学生差不多，可见战争对儿童的影响是非常直接的。

给食发生比较大的转变还是在"二战"结束以后，尤其美日关系缓和之后，美国将大量滞销的脱脂奶粉作为援助品送到日本，变为了日本儿童的食物，加上日本经济逐渐复苏，由此才开启了城市学校为儿童准备午餐的历史，给食有了普惠性。1954年，日本政府制定了《学校给食法》，将给食以一种法律的形式固定了下来，同时也渐渐为给食赋予了一些教育的涵义。

《学校给食法》规定，让学生"摄取适当的营养，保持和增进健康"是给食的第一要务，而在给食的过程中"培养学生开朗的社交能力和协作精神，了解大自然的恩惠，尊重生命和自然，培养为环保做贡献的精神"也是其中必不可少的环节。我原先觉得这法条有点抽象，后来在走访日本学校时，陪着日本的小学生吃了几顿午餐，才渐渐明白了其中的意思。每一天的饭菜做好之后，老师会负责搬到教室门口。这时候，有值日任务的四个学生会戴好帽子和口罩，负责分发食物。比如，一个小男生负责拿着长勺给大家盛汤，另一个小女孩负责给同学盛饭。其他同学按秩序排队，依次领饭。因为值日是轮流的，所以，每个人都有服务同学的机会和义务。现在的小学给食往往是一份主食（有时是饭，有时是面包）、一份肉、一份菜、一个水果、一盒牛奶，吃起来并不特别饱（当然，也可能是我这样的大人，吃小学生的饭，难免觉得不够），但因为有专职营养师把关，必需的营养是不必担心的。等到所有人盛好饭，回到自己座位上坐好之后，老师带领全班一起说"いただきます"（我开动了），然后全班小孩子风卷残云地吃起来。最有趣的是吃完之后，要念一句"ごちそうさまでした"（感谢款待），然后每个人要负责将自己的东西收拾好，值日的同学按照垃圾分类进行回收。尤其喝光了的牛奶盒，大家把自己的压扁，值日的同学再把几叠压扁的牛奶盒塞到一个没压扁的盒子里，既省了地方，也利于回收。仅仅吃饭，未必是教育；但是在组织吃饭的过程中，吃完饭后的张罗中，学生和学生之间确实在慢慢建立一种互助、协作的关系。

和小孩子吃一顿饭当然很开心，但每次我看着这一份250日元（约15人民币）的午饭，还是会想到，在它背后有一个复杂的教育管理体系。从日本的法规来看，这一顿午餐配套的厨师、营养师、设施设备费用是由地方政府承担的，但食材的成本则需要家长提供，因此，倘若不是极为贫困的家庭，这些钱是需要家长交付的。但法律又规定，制作给食的单位不得以营利为目的，必须保证家长的钱全部用于食材上。这也是为什么，在日本大概两瓶汽水钱的250日元，能够变成孩子们的一顿饭。但社会毕竟是会变的，有时候食材的价格上涨起来，做给食的单位也难免感到为难。越来越多的一些报道显示，有些单位固然不敢以劣充好，但往往在选材的时候会倾向于挑选价格更便宜的一些东西。即便同是苹果，不同的苹果也有不同的价钱，这个在全世界都一样。所以，给食的钱到底该怎么算，食材的标准到底怎么定，近些年在日本媒体上也能见到一些讨论。但给食的公益性，仍是一条大家愿意遵守的底线。

更有意思的是，日本的校长每天必须在饭菜做好之后，亲口尝一下，我开始一直觉得那是为了确保食品没有变质，但后来和很多校长聊起来，他们都不约而同地用一个有点夸张的日语词——"毒見"，也就是检查有没有被下毒的意思。我到现在也说不好，这是校长们跟我讲的玩笑话，还是真的谨慎到了这一地步，但无论如何，在孩子们吃饭的问题上，他们总还是觉得谨慎一点比什么都好。

有酒香的小学

广岛大学在广岛市中心以东一个叫作"西条"的地方,环山抱水,空气清朗,是块酿酒的好地方。江户末期,西方的制酒工艺传入日本,和日本的传统酿法几经融合,终于演化出今天日本人所酷爱的大吟酿。在明治初年,这里就已经有"酒都"的美誉了。日语里头也有"酒"这个词,但这里的人更喜欢称之为"杜氏"——明眼人一看就知道,典出中国古诗中的"何以解忧,唯有杜康"——以示对酒的尊崇。酿酒的厂子都是百年老店,一间挨着一间,酒的芳香飘散出来,氤氲着整个小城。

后来一个偶然的原因,我才知道,这酒香,都飘进小学里了。

西条小学每年都要上演一出大戏,就以这里的酿酒业为背景,演员全是当年的六年级学生。戏分六幕:先是秋日降临,谷物丰收,人们在歌谣声中开始擦洗仓库,淘洗新米;接着是沸水翻滚,开始蒸米的热闹劲儿;紧随而来的是人们为了酿好酒曲,挥汗如雨的红火场面;接下来,将酒曲倒入桶中,等候漫长的发酵;在恭候美酒的同时,人们唱起祈祷的歌谣,内心又有不安又怀有期待;最后,醇香的新酒酿成，所有人都沉浸在了欢乐的海洋之中。

戏不复杂，合计不超过一个小时，但难为这些六年级的小朋友们，把酿酒业的每一个步骤都模仿得活灵活现，还真是下了一番功夫。戏里有红火喧嚣的场面，日本的传统乐器太鼓配合着西洋乐器被小孩们齐声奏起，整个剧场都仿佛要律动起来一样，也有低沉的场景，伴随着交织而来的合唱、独唱，格外动人。

我最开始并不知道这么一出戏，只是去西条小学商议别的事情，正巧体育馆里传出了太鼓的咚咚声。这里的老师告诉我，这是六年级的孩子们在彩排。日本的新学期在4月开学。等到5月，刚刚步入六年级的孩子们就可以利用闲暇时间组织排练了，太鼓声、合唱声、号子声，在校园里不绝于耳。刚刚进入一年级的小朋友在懵懵懂懂中听到这些曲调，老师就告诉他们，等到他们成为六年级的大哥哥大姐姐的时候，就可以排演自己的戏了。所以，这些六年级的小孩子，其实都是在老师和同学的口耳相传中期盼了足足五年的时间，看了五回师哥师姐的表演，才得到这次演出机会，能不卖力，能不用心吗？后来我查了查资料，这出戏最早上演是在1981年，未曾有过间断，一直排演到了今天。不知道有多少小朋友是在这太鼓的节奏声中告别自己的小学生活的。某种程度上，这已经成为一个小小的毕业仪式了。

当然，老师们在这背后所下的功夫远不止于此。这场戏从一开始就有当地酿酒业的支持，每一幕都力图精确地传递出酿酒的一些关键过程，更想要把酿酒人的艰辛和喜悦都展现出来。戏里的音乐、编曲、台词、舞蹈，也是经过几代老师和学生不断打磨而成的，既融入了很传统的日本音乐调式、舞蹈技艺，对一个小学生的表演能力而言也不至于太难。更重要的是，通过一次次的集体排练和戏里热火朝天的酿酒过程，把一种集体感真正传达到了每一个参演孩子的心里。小学老师们更是想尽办法，把这场戏里涉及的科学常识、历史知识、为人处世的道理都挑了出来，在六年级的课堂上讲给孩子们听。据老师们给我讲，六年级的课纲里，正好要给孩子们介绍日本的传统乐器，那么，让孩子们自己甩开鼓槌敲起来，可能比什么介绍都管用。此外，六年级的课本里也出现了鉴真大和尚排除万难、东渡扶桑的故事，老师们很愿意将这个故事和酿酒过程中的百般艰辛联系到一起，鼓励孩子们将来遇到任何困难都不要轻言放弃。最近这些年，日本着力提高英语教学中的对话能力，西条小学也在英语课里设定了一个小单元，让孩子们用简单的英语介绍一下自己生活的小城，以及西条酒香，甚至介绍一下这场演出的大体情节和自己在排练中的体会。眼下孩子们能说的英语当然还非常稚嫩，但假以时日，这出戏倘若搬到了国外，用英语演上一回，我也绝不会感到意外。正是在这个过程中，孩子们朦朦胧胧地领悟到了杠杆原理是怎么一回事，体会到了发酵是一个非常奇妙又值得等候的过程，更感受到了自己作为一个西条人、一个酒都人的自豪感。孩子们身处其中，当然既自由又愉快，但背后是老师和校方高妙的平衡术。

  过了很长一段时间之后，我在小城的布告栏上看到了公演的预告。公演那天，小城的剧场里回响起一阵又一阵的太鼓声，还有观众们此起彼伏的欢笑声。我坐在台下，环顾四周，家长们来了、老师们来了、一年级到五年级的小朋友们也来了，连酿酒的师傅们都愿意歇一歇，来看看小朋友们的演出，给小朋友们加油鼓劲，还有小城里慕名而来的居民，老爷爷老奶奶同样不在少数。大家都看得很开心。我突然又想起，这出戏既然是1981年首演的，那么今天坐在台下的观众里，是不是有很多当初就是台上的小演员呢。小城里的居民就这样目送着一辈又一辈的小学生们成长起来，这些小学生们将来也可能成为父亲、母亲，目送自己的孩子走到舞台上。这出戏，就成为了小城的一个纽带。

演出结束后，散场的人流徐徐往外涌。我身边突然走过一个参演的小孩，还穿着酿酒的戏服。

我冷不丁地问他："小朋友喝过酒吗？没喝过怎么演得这么好啊？"

小孩冲我狡猾地一笑，"为了演好戏，昨天爸爸偷偷让我舔了一口"，然后像一阵风一样跑掉了。

"祭"的热闹与冷清

刚刚写完西条这个小城独特的酒香,也是巧了,当年10月8日,西条初中的歌舞剧《西条》就正式开演,我幸运地成为了观众席上的一员。

初中生的表演比小学生们更庄重,"表演"的成分更为显著。开头是箫声和鼓声的浪潮,接着身着传统礼服的两位姑娘徐徐向中心走来,带有非常强的祭祀酒神的意味。随之而来的就是一段又一段非常活泼的舞蹈,配合以雄壮的鼓乐和学生的合唱。舞蹈虽然模仿酿酒的动作,但更多的部分已经抽象出来,旨在表现青年人的精壮与气魄。几组不同的舞曲之后才迎来大合唱。歌剧落幕在一片掌声之中。

相较于小学生的表演,初中生的歌剧没有借用多少道具,年轻人的那种澎湃热情,通过声音和肢体的语言就打动了整个会堂的听众。如果说,小学生们表演时,台下的观众还更多地属于小城里的家长和市民,那么,这一场表演则更多地面向来自其他地方的观众。因为,10月7日、8日两日正是"西条酒祭"(酒まつり)的日子。

西条初中学生上演的歌舞剧《西条》

"まつり"，或者所谓"祭"，是在日本非常容易见到的一种活动。往往依托于当地的一些历史人物、传说、特产等举办相应的祭祀活动，同时聚集起大量的人流，由此也会贩卖各种食物、玩具等。全日本最知名的祭，大概是京都祇园祭，硕大的祭祀神舆绕城而走，人声鼎沸，据说已经有千年以上的历史了。我所居住的小城，没有京都那样千年不绝的大祭，但既然当地的清酒名声在外，索性就办起了"酒祭"，在这两天之内，把种种美酒摆出来供人品鉴（当然，得掏点钱），这样就会带动一系列的消费。据统计，这两天内，从日本全国汇聚来的贪杯之客达到20万，可谓是小城一年之中最喧哗的时刻。西条初中的歌舞剧表演就在当日，表演的会堂就在酒祭的会场旁，算是整个活动中的关键一环。所以我才说，这些初中生要面对的多是陌生的观众。不过有趣的是，日本观众虽然可能喝醉了酒，但到了听歌舞剧的时候，竟都是规规矩矩的。

酒祭是喧嚣，是人潮涌动，是醉到酒香里迷迷糊糊，甚至不省人事。来到这里的人当然会看到这里的热闹，但作为一个生活在小城的人，我倒是更能看到热闹之后的冷清。事实上，当下的日本正面临着比较严重的老龄化危机，人口减少非常厉害。尤其在一些乡下地区，年轻人都愿意往东京这样的大城市里跑，只剩下一些老年人，守着故土故宅。西条小城办起来的酒祭并没有特别长的历史，很大程度上也是为了活跃当地经济，吸引国内游客。日本其他一些乡村地区，最近也会操办这类"祭"，有历史的，没历史的，有特色的，没特色的，都慢慢起来了，很大程度上还是为了让这些寂静而冷清的地方找到一些活跃起来的动力。但这种方法毕竟只管用一两天，等人潮退出之后，小城立刻就安静了下来。

这种老龄化也明显影响着学校的教育。以前，我们往往认为教育资源是简单的乘除法，学生人数减少，每个人能够分到的教育资源按说也应该更多。事实上，中国一些地方的基础教育就始终面临着学生人数过多的压力。但老龄化真的更有利于基础教育吗？我以为未必如此。我只走访过零星几所身处人口减少环境中的学校，在这些略微有些萧索的学校中很难看见特别积极的景象。人对自我的认识，是在环境中形成的。当一个学校的学生人数锐减之后，身处其中的孩子，就失去了很多认识他人也认识自我的机会。他目力所及，就是那么几个一起长大的朋友，就是那么一个从小熟悉到大，又因为老龄化极少见到变化的社区而已。

日本社会基本实现了富裕化，有些孩子不知道自己何以要学习，何以要"奋斗"，甚至连学生之间带了一点点较劲的"竞争"感也丧失了。社区的衰退很大程度上传导为学生的"衰退"。即将跨入老龄化这道坎的中国教育，有必要开始认真思考这个问题了。

番薯和世界史

近来和国内不少一线的历史教师碰面,他们都向我感叹,中国史好教,世界史难教。中国史有耳濡目染的熏陶,哪怕是一些粗制滥造的电视剧,也给老师们省下了不少力气,还有唐宋元明清的时间线索,大体的框架是清晰的。世界史就麻烦得多,千头万绪,古今东西,仿佛一锅乱炖。教世界史,教师们总觉得像是在表演杂技,有顾此失彼之虞。回想起自己中学时的体验,我觉得一线教师的这个感叹是真切的,因为当时我们学世界史,也觉得一会儿东,一会儿西,彼此连不到一起去。真是想不到,讲台上的老师竟然也是同样的心情。

我无意在这里苛责任何一方。事实上,等自己慢慢长大,慢慢见识了一点世面,才意识到世界史本来就是一种需要像大海一样广博的视野和无数像珍珠一样闪光的小知识才能感受到个中乐趣的学问。

在这方面带给我很深触动的,是有一次读今天的日本冲绳县——也即过去的琉球——的历史。琉球群岛在日本的西南面,古琉球曾经是个独立的王国。1429年，当地的勇士尚巴志灭掉对手，统一了琉球本岛，由此开始了琉球王国的历史。从尚巴志时期开始，琉球人就意识到了，自己身处中国、日本、朝鲜、东南亚四者的交汇地带，海洋贸易将是他们谋生的重要手段之一。对中国的朝贡贸易尤其令这个国家获益颇丰。日后随着明朝推行海禁政策，琉球一跃成为当时东亚海洋贸易的枢纽。这种情形大抵很像是今天的新加坡。1458年，当时的尚泰久王铸造了一鼎"万国津梁钟"，以彰显自己"异产至宝充满十方刹"的繁盛景象。这大概是我们大多数人对古代琉球最基本也最模糊的一种印象。

然而，到了1609年，作为日本扩张政策的一部分，萨摩藩岛津氏率领三千军队攻入了琉球。琉球长年安享承平之世，而且历来注重贸易而非军备，自然在萨摩藩强悍的军队面前败下阵来。琉球国的尚宁王被岛津军队挟持去了日本，并且一路到了江户，也即今天的东京，面见德川家康。自那以后，琉球一方面要接受萨摩藩的强势控制，另一方面又俯首臣称向明清两朝进贡，它悲剧性的命运几乎从那时候起就是注定的了。很多人对这一段历史也是比较熟悉的。

但历史真正有趣的地方往往在细节中。萨摩藩的入侵，改变的绝不仅仅只是琉球的独立地位。为了谋求自己的利益，萨摩藩极大地限制了琉球的海洋贸易规模，并且对琉球人课以重税。由此，曾经那个骄傲的万国津梁之国，在1609年之后，极速地收缩为一个内向的、以农耕为主的国度了。这是学者们过去比较少关注到的。然而琉球当地土壤贫瘠，台风之类的海洋灾害又频发，并不是一个完全适合农耕的地区，这种状况让当时的琉球陷入了巨大的危机之中。有时候历史也真是有趣，危机召唤伟人。如果将时间倒转回1596年，当时还很年轻的一位叫仪间真常（又名麻平衡，1557—1644）的进贡使臣曾经出使中国明朝。他亲眼见证了当时明朝的物产丰饶，尤其是一种名为"番薯"的新式作物，栽培方便，产量又高，是很多人充饥的粮食之一。等到十余年之后，琉球陷入危机的时候，这种记忆恐怕会更清晰地浮现在仪间真常的脑海里。恰好，有人从中国福州带回了一点番薯的苗，并且栽培成功。仪间真常高度重视这件事情，将其视为解决冲绳粮食危机的最佳方案。他细心培育这些番薯苗，并且想尽办法使其产量提高。幸运的是，仪间真常的努力得到了回报，番薯果然适合贫瘠的琉球土地，长势良好，而且番薯既适合饲养家畜，也适合人类食用，可谓当时的济世良药。仪间真常带动的番薯种植在很大程度上改变了琉球的作物结构，也解决了当时严重的粮食危机。琉球人将番薯亲切地称为"唐芋"，可见他们非常珍视这种作物自中国而来的缘分。

说来也很有趣，日后又是萨摩藩从琉球人这里看到了番薯的价值，将其带回日本，在西日本地区广泛播种。后来，日本曾经爆发了几次较大的饥荒，尤其有一次享保年间的饥荒，饿死者无数。番薯的价值开始受到重视，在将军德川吉宗的推动下，番薯得到学者的研究，并且在日本广泛种植开来，成为今天日本人不可或缺的粮食之一。用番薯酿成的酒，也是今天不少日本人魂牵梦绕的品种之一。"唐芋"这个词，在今天的日本也是可以通用的。

从今天的角度来看，萨摩藩当然是亏欠琉球很多的。不过，仪间真常的那点坚持不懈的努力，改变了相当广阔的地域内人们的经济结构和饮食结构，这便是所谓"蝴蝶效应"——地球这头的小蝴蝶扇动翅膀，在地球那头可能会掀起风暴。但话又说回来，没有一种世界史的循环带动，比如中国和琉球长期以来的朝贡贸易、萨摩藩和琉球的密切联系，仪间真常的影响力可能将会大大降低吧。这就是世界史非常有趣的地方。

　　不过回到原点来讲，中国明朝的番薯又是从何而来的呢？那是另一个更加有趣的世界史经典话题了，请读者不妨花点时间查查相关资料，可能会有更多有趣的发现。

当地震袭来

每年到了5月12日,我都会想起汶川。2008年的那一天,天崩地裂,许多同胞在一瞬间与我们天人永隔。很多年已经过去了,但5月12日当天,我们川渝人的惶恐、从电视里获得相关资讯之后的忧心忡忡、大家争先恐后去献血捐物的场景,林林总总,我个人是永生难忘的。我想,对大多数经历了那场地震的中国人而言,这一天也都是永生难忘的。

就我个人的感受而言,我们川渝人在汶川大地震之前,对地震实在是太过陌生了。这里自古就是"天府之国",丰衣足食,生活安乐,仿佛彻底隔绝于这类天灾。所谓"地震",大概也就是地理课上的一个知识点罢了。等到那场地震真正袭来的时候,我们才意识到,这种认识是多么肤浅,我们对大自然"以万物为刍狗"的可怖威力了解得太少,而我们的教育系统尤其为之筹划得太少太少了。

我也是到了日本这个以地震频发而知名的国家之后才开始近距离地感受到这个国家对灾害的戒备意识。日本的国家课程标准明确规定,要将防灾教育贯彻到底,无论发生任何灾害,学生都要能够准确判断、冷静应对。当然，这种指导精神需要在许多细节上做足功夫，才能得到真正的贯彻。

从幼儿园起，很多学校便自制了一些简易的"迷你屋"（ミニチュアハウス），仿制学校房屋的大体样子，为的是让小孩有个直观的感受，地震来了的时候，物体会怎么晃动，哪些东西会很危险。老师要通过很多次的对话，和小朋友们一起聊，学校的周边哪些地方是安全的，哪些地方是危险的，尤其那些看似稳固但其实潜伏着危险的自动贩卖机、电线杆等，多半是老师们着重强调的地方。慢慢地，孩子们能够大致感觉出来，学校周围哪里是空旷敞阔的安全地带，而哪里又是地震时千万不可以去的危险地带。

之后就会有一些防灾模拟演习。学校喇叭里高声播放"防灾训练，地震来了！"孩子们要冷静地藏到桌子底下，两脚都收起来，以防止被落物砸到。老师很快打开教室的门，确保道路畅通。等到第一波地震过去，校长会接到周边是否发生火灾的消息，然后立即让教师带着孩子们井然有序地转移到学校周边的公园等地。在公园里，教师要负责清点人数，看是否全员平安转移。这套演习一般耗时一个半小时左右。等到孩子们越来越大，小学、初中、高中，相同的演习每年也都有。因此，几乎每一个日本孩子在感觉到地震来袭的时候，都能比较快地反应过来。

不过，我在这里想要说说两个很容易被忽略的常识。首先，即便是日本人，一生中真的碰上大地震的次数掰着手指头也能数得过来。演习这种东西，很大程度上只能是一剂预防针。我在日本念书的几年间，也只遇到了一次震感极为强烈的地震。那时候我们正在上课，教室里的书架突然开始哗哗作响。一同听课的几位日本女生还有点懵，不知道发生了什么，倒是我们的老师第一时间反应过来，叫了一声"地震",一个箭步就去把门打开了。大家这才匆匆往桌子底下躲。我跟着桌子晃了好一阵,过一会儿钻出头来,万幸教室里没发生什么变化。对那天的地震,日本同学其实也有点懵,事后也同样怕得很,不过,多年的演习使他们能很快做出一些正确的避难动作,这其实就是演习的主要价值了。

其次,日本的教育规则定得细致繁密,我看国内有不少文章在介绍时,颇有点过分夸大这种防灾教育的执行力,有点把纸面上写的规则都当成了校园里实际发生的全部。根据我和不少日本朋友们聊天的情况来看,他们在小学时还觉得防灾教育很有趣,像是课外活动一样,等到初中以后就觉得这种一年要折腾一两次的活动很无趣了,大家说说笑笑(他们自己也说,如果有外国人来参观的时候就规矩多了。由此也让我想到,我们的许多海外学校参观究竟在多大程度上能看到一个真实的学校场景),假装地震来了,先躲桌子底下,然后沿着学校安全通道鱼贯而出。老师们其实也不喜欢这类活动,正常的教学节奏可能突然就被打断了,等这帮小孩儿出去绕一圈再回到教室,一时半会儿心思也不可能回到学习上了。所以,老师们多多少少都将其视为畏途。但是,规矩毕竟是规矩,老师还是要教训学生,"うるさい"(太吵了,安静点),催他们好好走。

教育,有时候就是这样,花费了大量的时间和精力,让大家做了一件谁也不怎么高兴的事情。其实,我们又何尝不希望这些时间和精力都是浪费的呢,我们也希望每个孩子一生都平平安安,不会遭逢任何天灾人祸。然而,一旦遇上了灾难性的地震,哪怕只是这些防灾教育里学到的一点点知识,锻炼出的一点点智慧和从容,也很有可能在关键时刻帮助他们绝境逢生。

从这个意义上讲,愿不愿意将这种近乎"浪费"的教育活动常规化,是对教育者的一种考验。

为什么要把
孩子放出来？

每个人大概都会和城市中的某一个地方有一种说不清的亲密感情。对我而言，在北京，阜成门内的鲁迅博物馆就是这样一个地方。院子很大，阳光铺洒进来，像是母亲的手在抚摸自己。这里是北京最重要的鲁迅故迹，因此我常常到这个院子里来，哪怕只是坐坐，也觉得心里很舒服。有一次，我在院子里见到了一个女生，拿着一张纸，在鲁迅博物馆的展厅中反复转悠，仿佛是在寻找着什么，陪在一旁的，显然是她的爸爸。

我上前一问，才知道她是北京市一所中学的学生，正在做一份作业。作业是学校统一安排好的，里头是关于鲁迅的种种问题，既有填空，也有问答，需要学生们自己安排时间到鲁迅博物馆来参观，基于参观所得，才能作答。小女生很有意思，有时候会焦急地反复看自己作业纸上的题目，想要找到对应的展板；有时候又索性慢下步子，反复看着玻璃橱窗里的展品；有时候她还会扭过头问爸爸

"这是什么",爸爸呵呵地笑:"我也不知道,看讲解嘛。"小女生在展厅里来回走动。我其实也不太清楚她能否把展厅力图呈现的鲁迅生平知识完全吸收进去,我甚至觉得这种放任型的参观可能只会留给她一些碎片性的记忆,但转而又想,这毕竟不是课,不需要提出过高的要求。鲁迅博物馆里有那么丰富的实物馆藏,随便三五个能吸引住她的东西,留下一点点深刻而鲜活的记忆,其实就胜过很多苍白的文字了。现在的小孩们写作文,不缺那些空洞的道理,缺的是这种具体而鲜活的记忆,以及留存在记忆中的感情。

在北京鲁迅博物馆偶遇的父女俩

望着小女生的背影,我会忽然想起一些日本的场景。我在广岛生活了好些年。在这个世界上第一个遭受原子弹袭击的城市——希望世界上永远不会再有第三个——我常常能在广岛和平纪念馆里见到川流不息的人群,而其中最显眼的就是一群戴着黄色帽子的小学生。将他们送到这里来的，是日本一种名为"修学旅行"的制度。

修学旅行，是日本小学、初中、高中阶段正式教育的一部分，由教师或者校长率领，学生们集体到某个地方参观学习，通常会有好几天的集体住宿。修学旅行的目的地多是日本一些比较有代表性的文化和历史地点，广岛的和平纪念馆往往在列，据闻一年来访的学生数超过了30万。到这里来修学旅行的是全日本各个地方的中小学学生，他们一般会参观和平纪念馆里的展览，同时和广岛原子弹爆炸的亲历者对话。广岛有专门的组织负责联络所有原子弹爆炸的幸存者，创造机会让幸存者将自己的亲身经历讲给年轻的学生们听，始终是他们工作的重中之重。我自己也旁听过几次这样的对话活动。一方面，我明显感觉到，1945年离我们越来越远，主讲人的年纪越来越高；另一方面，主讲人都是原子弹爆炸的亲历者，尽管文化水平参差不齐，但基本都属于比较朴素的反战人士。毕竟，没有谁比他们更直接地体验过战争的恶果。很多主讲者甚至已经不吝展览自己的伤疤了。每每看着这样的场景，我都感到痛心，如果当年我们对南京大屠杀幸存者记忆的保留和传播工作做得更好一些，更早一些，尤其在教育领域开展得更及时一些，是不是更有利于学生对这段历史的感知？

日本的教育很注重现实的触感。任何科学理论，单靠书本里的讲授是不够的，还要变为触手可及的实验操作，人文知识也一样，应该想尽办法和学生的实际观感贴得更近一些。日本的修学旅行，就是将孩子们带到广岛、京都、奈良这样一些别具意义的地方，让孩子们自己去触摸日本的历史和文化。这种跨越出教室的教育，其实也在很大程度上辅助了课堂内的教学。

不过在我看来，修学旅行的意义不仅仅在这种单纯的教学层面。

今天的日本学界一般认为，明治十九年（1886年）2月15日到26日，东京师范学校举办的"长途远足"即是日本修学旅行的开端。这种"长途远足"既带有部队行伍操练的意味，也有野外学术考察的意味。尔后，东京师范学校升格为日本的高等师范学校，其影响辐射面更广，"修学旅行"这一名字在明治二十年（1887年）正式稳固下来，并且在各级学校传播开去。明治以前的日本，是划分为各个藩国的，彼此疆界清晰，倘若不是为了经商或者向江户（即今天的东京）觐见之类，人员的往来比较少见，很多农民更是固守本国，终生未曾跨出国境一步。职是之故，从江户向明治转型的过程中，还有很多在我们看来的"日本人"其实是没有"日本"这样一种国家观念的。广岛古称安艺，我想，很多那时候的广岛人更会觉得自己是一个安艺国人，而不是一个日本人。

但是，随着强有力的明治政府的建立，这种情形开始发生转变。修学旅行，其实也是为了一种国家观念的建构。让下一辈的小孩子，无论出生在多么偏远的地带，从小就能具体而直观地接触到京都、奈良、镰仓等地的千年古刹，看看历史书上的圣德太子等人留下的足迹，才能给他们传递出一种鲜明的信号，这就是日本，这就是日本的历史。另一个不容忽视的因素是，火车在这一时期也开始在人们的生活中扮演起了重要的角色。明治五年（1872年），日本最早的一段火车轨道正式营业；明治七年（1874年），大阪和神户之间开通火车，明治十年（1877年），阪神线延伸到京都。在任何一个国家现代化的历程中，火车的地位都不容小觑，日本同样如此。火车提供了一种相对安全、便捷、可控的远距离交通方式，可以将全国各地的孩子源源不断地拉向那些历史文化名城，在很大程度上保障了修学旅行的可能性。当火车的轨道源源不断地延伸开去时，修学旅行的范围不断扩大，一种明确的国家意识也就在这个过程中被逐步建构起来，传播开了。

明治维新已经过去很久了，今天的日本人已经不需要再通过这种方式来建立国家认同，修学旅行显然也更加回归到了教育的本质。我也衷心地盼望鲁迅博物馆里偶遇的那位小女生，能在那半天的参观中，感受到一点点教育的意思，而不只是出来消遣一个周末。

教科书是一种
什么性质的东西？

———————

日本的教科书大多做得很漂亮，偶尔翻翻也是一种乐趣。有一次，我在《家政》的课本上见到一张非常漂亮的图，主题是"我和家族的生活"，画面上一共五人，中年的夫妇两人，再加上一对子女，还有最长辈的一位爷爷。大家一起侍弄花草，仿佛在享受着美好的周末生活。

从教学主旨来说，这一课主要是希望让孩子们能够认识到，自己是在许多人的支持和帮助之下才能够顺利成长起来的，每个人都有为了生活而必须从事的事情，这当中既包括工作，也包括生活中必不可少的劳作。因此，画面上会展现出一家人劳动的画面，妈妈在忙着，爸爸拿着吸尘器打扫，爷爷到超市买菜，然后才能有一家人共同享用晚餐的场景。当然，孩子们说起来也有任务，那就是饲养家里的宠物小狗。教科书呈现出一种其乐融融的场景，让我感到讶异的是，这些插图已经没有特别明显的性别偏向了，并非传统意义上"男主外,女主内"的家庭格局,甚至在画面中,做饭的是爸爸。当时我的第一印象是,这本教材明显在倡导一种理念,希望让日本家庭生活中的性别偏向减弱一些。毕竟,很多人都知道,在日本还有很多家庭,男性在外工作挣钱,而女性将全部时间和精力都用来做家庭主妇。这本身未必是一个问题,但由此产生的社会惯性,往往让女性越来越难在社会上谋得一份足够好的工作,也逐渐形成了一些性别认知上的偏见。这些问题在最近这些年始终是日本社会的热门议题。我想,这本教材的编纂者大概也是希望提供一种新的家庭生活理念,所以让爸爸也做起了饭。

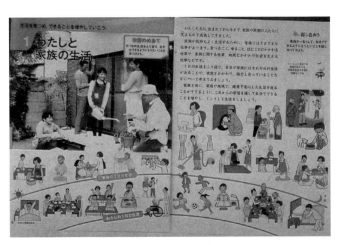

日本教材中的一页,呈现出了一种"理想"的家庭图景

然而,来自日本鸣门教育大学的硕士生渡边枫却告诉我,这幅图是有问题的。这幅图里最可疑的是画面中的爷爷。因为今天的日本已经极少有三代都住在一起的家庭了。从统计来看,2016 年,日本 23.7% 的家庭是单纯的夫妻两人,29.5% 的家庭是夫妻和孩子,还有 7.3% 是带着孩子的单亲家庭,换言之,60.5% 的日本家庭都只有

两代人，也即所谓的"单核家庭"。而日本全国，三代同堂的家庭只不过占了5.9%。事实上，画面中最可疑的这个爷爷的出现，就是为了缓和原本紧张的性别矛盾，毕竟作为一个男性长辈，他是可以为家庭分担不少工作的，也可以让家庭工作的分配显得均匀。然而，日本过去那种大家族的景象已经消失了，这种场景只有5.9%的说服力。正是因为单核家庭的大量出现，家庭工作的担子基本都落在一对对成年夫妻身上。而事实上，又往往是妻子这一方承担得更多。

自己毕竟不是一个日本人，对日本的观察再细致，也难以在这么细微的地方嗅出其中的异样，而作为日本人的渡边，一下子就觉察出了其中细小的问题。但这件事让我警觉到，教科书究竟是一种什么性质的东西？

很多人会认为教科书是对社会面貌的一种反映，这话讲得有道理。但另一方面，教科书本身会有自己的价值偏向，这便是为什么这本书里会让爸爸做饭。不过，有时候，为了达成这种价值偏向，教科书难免会对一个社会进行某种偏移性的反映。在大多数情况下，教科书不会有捏造，但这种偏移又往往使得教科书对社会的反映不是全景性的，甚或是刻意选择了一个片断，这便是为什么一个三代之家会被放在教科书里，尽管这样的家庭只占了大约二十分之一。

金融也是
一种能力

"Literacy"本来是教育学里的一个常用词,主要指识字的能力,也可以用来表示其他种类的能力或者素养。日本教育学词汇中直接照搬了这个词,写作"リテラシー"。这个词前面可以搭配一些修饰词,例如近些年颇有人气的"金融リテラシー",指的就是金融方面的知识素养。这个词近来逐渐向日本教育界扩散,因为各方机构都在力主推动一种"金融リテラシー教育"。

从大的背景来看,日本的老龄化带来了严重的社会压力,老年人的退休金该怎样维持收支平衡已经是一个迫在眉睫的问题了,而对每一个具体的老人而言,如何管理好自己手头的退休金也是一个非常现实的问题。日本政府这些年痛感这个问题的棘手,于是又掉过头来,建议更多的学校和社会力量合作,从小学阶段就展开"金融能力的教育",希望在国民层面提高这种金融意识。这种教育从2005年开始落实,因此当年也被称为"金融教育元年"。

对小学生而言，金融能力教育混合在综合学习的时间中，核心是要培养孩子"设计生活、管理生活的能力"，也借此让孩子们对"劳动"有更深的认识。像金泽县的一所小学，就腾出了地方，让五、六年级的学生自己经营一些商店。不过，学校做得比较有趣的是，土地都不是无偿提供出来的，而是算入了成本之中。而且，鞋柜旁边、图书室正对面等人多的地方，土地租金就要高一些，人流少的地方，租金可以降低一些。可见学校不是让孩子们过家家而已，而是真的要让孩子们有统筹收支的实际感受。在"租赁"下地段之后，孩子们自己设计商店，决定售卖的东西，然后做一个月的小店主。这一个月中，孩子们也可以自己尝试调整广告方法、商品售价，看看客流量会不会随之增减，也在商品陈列、招徕顾客上下足了功夫。在这一个月期间，小孩子当然要有自己的账簿，记录各项收支情况，有计划地把钱花到刀刃上。从这个意义上讲，这所学校想要办的不是那种过家家型的"义卖"，而是真的要让孩子们借此体会到劳动的不易，以及一种接近真实的状况下，钱是如何流通的。

当然，这种金融教育的最终归宿，还是在人，在人的"主体性"。通过这些切实的活动，可以让孩子们体会到，人才是金钱的主宰。每个人都可以通过合理的规划和计算，让金钱为自己服务。另一方面，自己是自己的主人，自己也有自己相应的责任。失误的规划和运算的错误，如果造成了损失，终究还是要由自己承担。这种金融教育的目的，不是要将一个个小孩子都培养为未来的银行家，也不是想要让孩子们都"钻到钱眼里"去，而是要让他们对金钱有一种正确的认识，将来哪怕只是为一家的生计做考量，这都是很必要的能力。

除了学校，银行是对此最为积极的一股社会力量，毕竟，很多银行可以借此改善自己的形象。像三井住友银行，从2006年开始，就组织活动，让孩子在暑期做银行"实习生"，到柜台操练一下银行的各项业务，甚至将金库向小孩子们开放，让他们进去实打实地抱一抱"一亿日元"的纸币到底有多沉。这些活动都是为了让孩子们更早地对金钱、金融有充分的认识。

对于银行这类机构而言，这种金融能力教育，最希望打破的是一种社会认知，就是"钱是脏东西"。在日本电视剧里，银行的形象往往不好，多是"敲骨吸髓、唯利是图"的可憎面目。所谓"为富不仁"，其实也是很多普通日本民众对银行家的印象，电视剧《半泽直树》便是一个集中体现。当然，这种认知是东亚社会普遍存在的，中国过去也有"士农工商"的说法，"商"居于社会的最下层。但随着现代社会的发展，银行开展的各类金融业务早已经深入到市民生活的方方面面了，日本教育界也逐渐意识到，很多问题其实是逃不掉的，倒不如正面应对来得更好。

相对来说，我们的学校还是把孩子们"保护"得太好了，不太愿意让孩子们接触太多的钱以及和钱相关的事宜。但另一方面，我们又不得不看到，这些年学生"网贷"现象激增，随之而来的社会纠纷层出不穷。某种程度上，恐怕也是因为我们的孩子对钱以及钱的运行规则实在太缺乏认知了，很多时候稀里糊涂就踏入了"网贷"的陷阱。从这个意义上来讲，我们的学校教育一味回避这个问题，反而衍生出了更大的麻烦。这一点恐怕值得深思。

日本教师也有的苦楚

从 2021 年起,我们国家开始大力推动"双减",想要让学生们的书包更轻一些,学得更快乐一些。从理论上讲,我非常支持这样的改变。不过,学校里的生活,其实有两个主角:学生和教师。相对于学生,教师长年来所承受的工作负担很容易被忽视。在国内,有太多的教师需要起早贪黑地工作,甚至,在教师群体里,都没有"加班"这种概念,因为大家都在加班。教师的工作负担过重,其实不独是中国的现象,日本同样严重。

据日本文部省近些年做的调查,33.5% 的小学教师和 57.6% 的初中教师一周内的在校工作时间都超过了 60 个小时,而这已经是日本政府所规定的过劳警戒线了。很多人恐怕都听说过日本企业的加班文化,其实在日本的一般企业里,工作时间拖到如此之长的员工也不过只有 7.7% 而已。换言之,日本教师的工作负担,在日本社会里算是极高的。由此而导致的恶果之一,便是近些年因为抑郁症等心理因素暂停工作的教师已累计达到约五千人了——几乎都是因为工作强度过大。

　　从教师的角度来看，除了一般为人熟知的上课以外，研究教材、应对家长、筹备校外活动、为上级教育委员会撰写文书、参加研修培训、指导俱乐部活动，都是相当耗时的工作。一些研究表明，日本的文部省是一个行政任务很重的主管部门，很多教师要完成大量的文书工作，以供文部省的统计、调研之用，故而苦不堪言。另一个日本的突出特色在于各个学校有非常发达的俱乐部活动，涵盖各类体育、音乐、文艺素养的培养，这些俱乐部活动都需要教师的指导。大部分教师其实也不好意思回绝学生邀请自己做指导教师的请求，故而常常还要在俱乐部活动中花费时间。再如，日本没有全国统一的教材，因此，对教材使用的培训不可能全国一盘棋地进行规划，各个学校的老师为了研究好自己手里头使用的教材，往往需要八仙过海，各显神通。像中国这样，一旦新的教材颁布，各类自上而下的教材使用培训活动在日本是不可想象的。总而言之，教师负担过重，从来都是日本义务教育领域的一个顽疾。以文部省为代表的政府部门为此做了大量调研，想要克服这个顽疾，但好几年过去了，一线教师的反馈是："为了应对文部省尝试替我们舒缓负担而派下来的调研，我们又增加了好多文书负担。"这像是一个反讽，也确实是一种真实的现状。

　　当然，各地的教育委员会和学校也并非对此无动于衷。目前一些比较受到认可的方法包括：多从社会招募俱乐部顾问。尤其一些体育俱乐部，就希望招募到一些从职业队伍里退下来的教练，由他们来从事更专业的指导；尽可能地推进电子化，如能通过电脑解决的流程，就尽量不再用耗时的纸笔文书，从而节约时间。但严格说来，目前日本教师负担过重的情况并无根本性的好转，相关的政策还一直在摸索之中。

其实，教师负担过重真正的隐患在于，教师没有充沛的时间投入到最应该投入的备课、授课、与学生面对面交流之中，尤其是如果没有了充足的备课时间，后面的很多环节都执行得马马虎虎，最大的受损者就是学生。

另一方面，学校的管理工作毕竟有其特殊性。在日本，教师按照公务员的标准享受国家待遇，而公务员作为某种意义上的"公仆"，是有一定的加班义务的。后来，法律进行了调整，教师作为一种特殊职业，如果额外工作确实过多，可以追加4%的工资。可这也造成了一个新麻烦，为了衡量一个教师的工作时间是不是真的过长，是否够资格去申领那4%的额外工资，一些学校采用了打卡制度，上班打卡，下班打卡。可我所接触到的日本一线教师很少有喜欢这种打卡制度的，本来就是出于对孩子的爱或者对课堂教学的享受而选择了教师行业，结果要像进行流水线生产一样天天打卡，还被人觉得就是为了计较那鸡肋般的4%，实在是伤害性不大，侮辱性极强。

我想，教师们的这种抱怨，有时候政策制定者应该好好听一听。

什么能培养出
一个有趣的灵魂？

有一次我去拜访知名的日本汉学家小尾孟夫。因为他是研究中国魏晋南北朝史卓有成就的前辈学者，所以当时的话题都集中在了关于中国的种种。他甚至告诉我，广岛大学教育学部楼前的大树是用当初特意从孔子故里曲阜请回来的树苗栽种的，只可惜后来知晓这件事的人越来越少。在我看来，这大概也象征着战后日本的整个教育思想都和中国的儒家传统渐行渐远，而偏向了美国。

聊到最后，我问他，从大学退休之后都做些什么。他告诉我，他退休后的主业是读法文小说，这让我颇为诧异。他接着说，自己从高中时起就喜欢读法国的小说，大学进文学部，又专门学了法语，可是家里的汉学氛围太盛，他的父亲就是知名汉学家小尾郊一，所以他终究还是走上了研究中国史的道路，但对法国小说的热爱依旧埋在心里，到了退休的年纪，终于可以痛痛快快地读读法文小说了。

广岛大学教育学部楼前的树

和小尾先生告别时,我内心其实有颇大的触动。我们素来知道日本汉学界涌现了很多卓越的学者,民国时期的陈寅恪先生甚至有"群趋东邻受国史,神州士夫羞欲死"的喟叹。今天,我们和日本同行在学术上的差距明显缩小,但因为时地的疏远,我们对他们的陌生感还是相当大的。事实上,在和这位小尾先生聊天之前,我对像他这样的汉学家的想象,是日日手捧中国古籍,"口不绝吟于六艺之文,手不停披于百家之编"。但事实上,和他聊完了之后就明显感觉到,他的整个知识结构都是颇为"西洋化"的,乃至于他的个人审美趣味和生活习惯多少都有些法国飘来的味道。后来我又结识了北京师范大学启功先生几十年前曾经带过的一位日本博士生,他如今在日本安田女子大学任教,名叫内田诚一。他也是一位家学渊源深厚的学者,对唐代诗人王维情有独钟。但据内田教授自己讲,他从小喜爱的乃是钢琴弹奏，甚至到了不可一日无此君的程度。想来，内田教授钻研钢琴技法的时间，应该不亚于钻研王维诗艺的时间吧。

当然，我所能亲见的学者很有限，了解也非常有限，但从我这点有限的见闻中，仍旧非常明显地感觉到，日本这一批汉学家，或者说中国文史的研究者，和我们国内同龄的文史学者相比，有着非常不同的知识结构。自然，由此而带来的研究旨趣、背景视野、学术方法的差异也是颇为明显的。

日本这一辈学者幸承太平之世，有几十年安康富足的环境，确实在东西学问之间，从容悠哉得多。而同辈的中国学者，也就是我的老师们这一辈，则明显经历过更为颠沛坎坷的青年时代，学术上的风貌也颇不相同。

除了这种宏观历史背景带来的差异之外，我倒是觉得，一些具体的制度，尤其是看似抽象的教育制度，其实在其中发挥着难以想象的巨大作用。这一辈日本学者的涌现，事实上正是得益于战后日本各所大学对"通识教育"的大力推广。

"通识教育"，又可称为"博雅教育"，日文多写作"教养教育"四个汉字，与之相对的大致是"专业教育"。换言之，通识教育不专注于某门具体的专业技能的传授，而更注重一些具有普遍性、永恒性、广泛性的问题，而这往往和现代学科意义上的文史哲比较贴近，同时也兼及道德培育、批判性思维的培养、公民身份的塑造等多重教育目的。

美国的知名大学在通识教育方面做得比较成功，这是许多人都知道的，今天我们国内的众多大学推广通识教育，也基本是以美国为范本。不过，或许少有人关注到的是，战后日本也曾经在美国的直接干预下，大力推广过通识教育。

"二战"结束之后，美国直接占领了日本。对日本的军国主义教育体系进行改造自然是题中应有之义，而其中一个重要的举措就是在大学推行通识教育。旧式的日本帝国大学是精英式的，学生甫一入门就抱定了将来要成为学界或政界领袖的心态。改革后的大学通识教育则更注重对学生全方位的培养，尤其注重引导他们对现代政治、社会生活方方面面的关注，使他们成为合格的现代社会人。毫无疑问，这是美国人基于对日本军国主义体系的反思而定下的策略，某种程度上，也是希望这些将来的社会精英不会再将日本拖回军国主义的老路。关于这些通识教育政策出台的复杂历程，学者陆一有一本《教养与文明：日本通识教育小史》谈得更详细点，读者可再参考。

　　既然这种策略是美国人定下的，那么在教材的选用、讲义的编写等诸多方面，欧美文化的渗入自然是非常明显了。事实上，我在一开始谈到的前辈学者就是在20世纪60年代念的大学，正值通识教育比较兴盛的时代，故而他对法国小说的喜爱才能有萌芽的土壤。应该说，那个年代成长起来的日本学者都明显受益于通识教育，才逐渐具备了比较宽厚的知识储备和过人的人文修养。在某种程度上，我更看重通识教育对人的熏陶。一个嗜好法国小说的中国古代史研究者，这该是一个多么有趣的人。而有教育经验的朋友可能都觉察到了，要培养出一个有趣的灵魂该是多么困难。

　　教育对人究竟有没有效？我的答案是有效。只是，这种有效需要放在一个很长的时间跨度上来考察。一种大学教育制度带给人的影响，或许要到这个学生退休的时候，才能显现出来吧。

第四辑

经典深处

中日书店，
不一样的阅读风景

在日本学习、生活了多少年，我就在日本逛了多少年的书店。逛得久了，能觉察出来日本书店和中国书店许多不同的地方，但要说其中最大的不同是什么，我个人的意见是，日本书店不太容易见到所谓的"经典"，或者说"名著"。

中国的书店里，经典从来都是主角，从文学经典说起，我们总能看到人民文学出版社、译林出版社等几家大社反反复复以各种版式推出的托尔斯泰、雨果、巴尔扎克等文豪的大作；至于社科经典，柏拉图、卢梭、费孝通等前贤的作品也总会以不同的面貌展现在我们面前。我们更信赖"经典"，因为我们相信经典总会给我们最多的教益，就好像绝大多数家长领着孩子进入书店，想要找的书，首先得是"世界名著"。家长们自己未必能判断哪本书适合孩子读，但只要封面印有"世界名著"的字样，总归错不到哪里去。

而在日本的书店里，稍显麻烦的一点在于，这样的"经典"读物往往不太多。坦率地说，托尔斯泰的书，在日本书店里往往也就摆个一两本，至于柏拉图、卢梭、韦伯的原著，大概得去一个城市里规模最大的三省堂、丸善一类的书店才能觅得。与中国大异其趣的是，日本人热衷的，其实是活着的人写的书。在日本书店里，文学类最容易见到的是一些当代日本作家的小说和散文，社科类则主要是一些当代日本学者所写的小书，往往围绕一个主题，篇幅在十万字左右。就像这两年，在新冠疫情之下，介绍"传染病小史""西班牙大流感""病毒""人类疫苗史"的书一下子涌现出了不少。经典固然是经典，经典也有经典的好，但今天的日本人似乎已经不太有心力去一本本啃读那样的经典了。相反，一些学有余力的学者，以短小精干的方式，让人们在一次火车长途旅行的时间里，就能对一个社会议题有一些大致的了解，似乎才是今天日本人阅读的主流。在今天的日本，最能把握这种社会动态的是一个叫池上彰的媒体人。基本上，社会上有什么热点议题，过不了三个月，就会有一本池上彰给你进行详细解说的小书出来。换句话来说，康德的著作永远没什么人读，但解读康德的小书却可以卖得不错，甚至，我还见过一本漫画书，是专门讲康德哲学的。

　　两个国家的阅读模式，其实各有优劣。中国的经典出得多，其实也就意味着经典出得太滥。这些年大家极力声讨一些假冒伪劣的译本，大概也是因为这类经典读物既无版权的约束，又有大量孩子要按着"指定书单"去购买，实在是一本万利的事，滥竽充数者也就多起来了。与之相反，日本的经典读物基本只由岩波、中央公论等几家很有威望的知名出版社操刀，请第一流的学者译定以后，很少再有竞争者，某种意义上也避免了资源的浪费。但这类经典逐渐淡出日本人的阅读视野之后，我总还是有一种"买椟还珠"的遗憾感——译得再好，读者不多，又有多少意义呢？这个世界上最具有原创性的大经大典乏人问津，依附于其上的小书却大行其道，我总觉得很难说是一种特别健康的阅读生态。

有时候我们自己可能都意识不到，当下的中国还非常难得地保留着一种尊崇"经典"的心态。说个很简单的例子，我们今天的课本里都还保留了那么多要求"背诵全文"的篇章。背诵经典，从来都是我们语文教育里不可或缺的一环。但在美国的课堂里，没有老师会要求孩子们背诵，他们觉得只要措辞达意，理解了文段的原意即可。即便在日本，这个和我们的文明传统最接近的国度，背诵也越来越在师生之间失去市场了。日本人过去也有背所谓"美文"或者"范文"的讲究，但今天更多的日本人会觉得，美文虽美，欣赏一下足矣，背诵则大可不必了。汉字行文有一种独有魅力，使中国人自古以来就有一种对"文"的追求，这可能是导致我们至今仍注重背诵的因素，但从心理的因素来说，这种对经典的尊崇恐怕也不可忽视。

我们当然也有很多需要反思的问题，譬如，囫囵吞枣读经典的太多，没有什么好的导读类图书也是不可忽视的顽疾，被粗制滥造毁掉的经典也不少，但是，有时候，我在中国的书店里看着从天头到地脚，排得满满的一架又一架经典读物，以及在其中逡巡的小孩子，总觉得，保护这样的阅读风景实在是一件很有必要的事情。

专业化以及
专业化下的尴尬：
日本的教师阅读

在日本多年，大大小小的书店逛过不少，印象挺深的一点就是一般所谓学习类的书架，都是给中小学生的参考书，并且，日本的"高考"是由大学自主举办，所以，针对每一所目标院校的复习备考都会各有侧重。你会在书店的书架里见到自东京大学、京都大学以降的所有名头，每个名头都代表着这所大学的高考试题集。

换言之，对大多数日本人而言，所谓"教育类"图书的概念，和大多数中国人比较接近，就是学习参考书罢了。在中国，我很少能在书店见到苏霍姆林斯基或者赫尔巴特的书，在日本，我其实也很少能在书店见到佐藤学的书，尽管说起来他已经是日本教育界最有影响力的人之一了。

我唯一能见到自己心目中真正意义上的"教育学"书籍，就是在一些大学的书店里。日本各大学的教育学部主要是培养未来教师的，教育学部的学生修的都是教育类的课程，因此书店里会配置一些相关教材和研究书籍，像2018年，日本学者终于编出了一套比较像样的日文版《杜威著作集》，而后我就常常能在各大学的书店里见到。但日本的教育学书籍从来都不在日本社会的主流阅读之中，它是一种高度专业化的阅读选择，只会在大学的象牙塔里，和这些念着教育专业并且将来要站上讲坛的年轻人相遇。

这种情况和日本社会全面的"专业化"是密不可分的。日本社会一般习惯将专业高度细分，每个领域的人都只专注在自己的领域之内，然后相互间形成合作。这些年常常被提起的"匠人精神"，就是这种专业细分下的产物。由此，教师也往往被视为一种纯粹的专业人员，只需要这个领域的专家学者及年轻学生关注教育就足够了。因此，教育领域大大小小的变革，其实很少能得到日本大众的关注，也就是哪里的学校发生了欺凌事件，日本大学的国际排名今年是降了还是升了这类热点能引起社会的关注。如果哪位朋友能在日本的书店见到几本谈教育的书，翻翻就会发现，基本都是新闻记者写的。因此，尽管这些年不断有人呼吁教师行业的"专业化"，但我想提醒，"专业化"本身也会带来一些弊病，首当其冲便是这门专业在社会舆论中的失语。

那么，"专业化"带动了教师群体内部的阅读吗？在我个人看来，情况有好有坏。

首先，依托于政府财政的支持，日本的大小学校都能有自己的图书馆，这里也基本会订阅《日本教育新闻》《内外教育》这类的周刊，很多老师不定期地来看看，了解下国内外的教育动态，这是最稳定的一道阅读风景。

其次，为了配合自己所讲授的专业，譬如国语、历史、英语，很多老师会在自己的专业领域里下一番功夫。据我所知，有很多国语、历史领域的日本高中教师，在这两个领域内的造诣基本可以达到准教授的水平，时不时还会在电视上讲点相关内容，甚或是参加专业的学术会议报告。日本乡土史的研究非常发达，每个地方都有几个人，对当地的历史沿革考察兴致盎然，在这背后很重要的一种支持力量，往往都是当地的历史教师。

不过，也是因为这种"专业化"发展，在职教师基本上只关心自己领域内的著作，而对教学方法、课程建设一类的教育学问题不太在意。教国语的老师，读的都是国文学科的著作，教历史的老师，也主要读历史领域的著作，很多一线教师对更宽泛意义上的教育问题，比较淡漠。当然，这种淡漠也并非没有缘由。据2015年的一项调查，日本教师的平均在校时间为：小学，11小时42分；初中，12小时15分钟，远比日本社会的平均八九个小时工作更长。而他们的睡眠时间为：小学，6小时4分钟；初中，6小时3分钟。这要比日本劳动者的平均7小时睡眠少整整一个小时。再排除掉一些家务、杂事的时间，可以说，日本的老师非常忙。在这种忙碌的状态下，大多数老师只能选择专注于自己的专业领域。当然，另一个让不少日本老师们抱怨的是，即便是所谓的"教育学"，本身也见效慢，很难在课堂上起到立竿见影的效果，大学教授们写的那些书，要不然就是一堆数据统计的结果，要不然就是一堆玄乎其玄的教育哲学理论，跟课堂上实打实的教学没太大关系——没错，如果您觉得在中国常能听到这类抱怨，那么在日本，这类抱怨同样不绝于耳。因此，本就脱离于社会阅读主流之外的"教育学"，其实在一线教师那里，也依旧不是主流。

当然，我也理解大多数大学教授们的困境。同样是因为"专业化"，他们撰写的是大量数据支撑下的报告，或者严密概念考察下的学术论文，这样的东西，一定程度上只是在学术圈子内部循环，而不会在教育现场那里得到充分的回应。

教育本身就非常特殊，它是夹杂在理论和实践之间的一种混杂学科，它所处理的现象本就不是简单的理论现象，也不是单纯的实践现象。但至少在今天的日本，因为这种"专业化"的高度发达，教育反而因为它的混杂性，在一定程度上沦为了牺牲品。很多日本人在尝试去解决这一问题，尽管目前还看不到特别好的方案。

所以，每每当我看到很多中国的一线老师会带着一点点"虔诚"的心态，集体阅读《教学勇气》或者《给教师的建议》这一类书时，都会觉得感动，至少这种光景在日本已经不太容易见到了。

历史烟云里的"小豆豆"

我太多次被各地的朋友问起,怎么看待《窗边的小豆豆》这本书?这当中既有工作在一线的教师,也有不少普通的、只是关心自己子女教育问题的父母。据闻这本书的中文版已经销售了一千余万册,多年来都盘踞在畅销榜的首位,如果说很多中国人对日本教育的第一印象都来源于这本书,恐怕并不为过。

我对这本书并无特别的研究,只是作为一个普通读者,读过好几次,每次读都深受感动。小豆豆原本是一个不太受正规学校喜欢的小朋友,被勒令退学后,转到了一家非常小的"巴学园",在这里遇到了能够尊重她、理解她的校长小林宗作先生,还有很多学园里的好朋友。说是学园,其实就是利用一辆废弃电车搭建起来的教室,但是,在小林校长的努力之下,这里变成了一座平等、有趣的乐园,师生之间可以自由地交谈,同学之间可以达成信任与协助。小林校长为了不让孩子们养成挑食的毛病,鼓励孩子们在自己的饭里一定要凑齐"山的味道、海的味道",小豆豆也在这里有了自己最喜欢的同学阿泰,甚至会想着每天早上帮阿泰把铅笔削得漂漂亮亮的。

小林宗作(1894—1963)

《窗边的小豆豆》充满了童真,也充满了只有一个孩子才会有的奇思妙想,读起来确实让人感动,尤其最后的结尾——"巴学园"在战火中化为灰烬,不知道让多少读者伤感落泪。

作为一个普通读者,我读这本书和绝大多数读者的感受是类似的,但在这里,我却想多讲几句,讲讲这本书在日本的语境下究竟是如何被理解的。

首先说说作者黑柳彻子吧。出生于1933年的她,其实早在写出《窗边的小豆豆》之前就已经是日本家喻户晓的人物了。1953年,她通过选拔大赛,成为了NHK电视台最早的一批演员,而后主持儿童广播节目、各类综艺节目,更在1976年主办了独属于自己的访谈节目《彻子的房间》(徹子の部屋),访谈日本和外国的众多名人。说起来很不可思议的是,这档节目从当初做到今天都没有断档过,我也是偶然打开电视机,竟然看到《窗边的小豆豆》的作者在访谈一位当红明星,这才知道,《彻子的房间》早在2015年就做到了第一万期节目,被吉尼斯纪录正式认定为世界之最。要知道,今年已经88岁的黑柳彻子仍在主持这档节目,并没有一点要退休的意思。

因此,当1981年,黑柳彻子将自己的童年经历写成这本《窗边的小豆豆》时,绝大多数日本人首先不是因为书的内容,而是因为作者的身份对此书产生了兴趣。他们其实是想看看这位日本的"鞠萍姐姐"到底有多少童年故事可讲。未曾想,这本书一经出版便俘获了万千读者,在日本一共卖出去大约800万部,到今天还被称为"战后日本的头号畅销书"。

黑柳彻子本就是名人,自然会在一开始给这本书带来关注度,但能够产生如此深远的影响,恐怕还是要归功于这本小书本身的品质。也是因为这本《窗边的小豆豆》的成功,黑柳彻子被联合国儿童基金会任命为亲善大使,走访非洲各地,积极主持募捐活动。因此,在日本人眼中的黑柳彻子其实兼有三重身份:电视主持、《窗边的小豆豆》的作者、国际亲善大使。值得一提的是,她还是个痴迷中国大熊猫的人,早在20世纪70年代,就通过电视节目,向日本观众介绍大熊猫的可爱之处,是日本"大熊猫热"的一个重要推动者。

而说起黑柳彻子在巴学园里遇到的小林宗作校长,其实更是日本战前教育史中的一个典型缩影。1893年,他出生于群马县,曾当过代课老师,后来从东京音乐学校毕业,一心想要从事音乐教育。1917年的时候,他在成蹊小学教书。这所学校是当时日本践行大正民主教育理念的一所名校,学校里的学生在上午就结束绝大多数课程,然后下午一起到近郊采集动植物的标本,或者进行游戏、唱歌等活动,洋溢着同时期美国进步主义教育的风采。这所学校专门添置了钢琴,让小林宗作有了大展身手的空间。后来,小林宗作得到了岩崎小弥太男爵的赏识，受其资助，游历欧洲各国，亲身体验了欧洲音乐教育的方法。回国后，小林宗作和小原国芳一道，在成城学校执教。成城学校同样是一所有着大正时代民主校风的学校，这里最早引入美国的道尔顿制，让学生们在自由自在的环境中成长，也鼓励学生们更多地亲近大自然，在自然中学会科学知识。可惜，后来因为种种人事上的纠纷，小林宗作和小原国芳均离开了成城学校。由此，他才会想到自己创办一所"巴学园"，才有了后来小豆豆的故事。

第二次世界大战打响以后，日本的教育环境急速变化，一批有良知的教师逐渐失去了话语权，全日本的教育急速向军国制和天皇制偏转，旨在将全部国民都绑架上战争的列车。小林宗作这样的教师，只能在自己办起来的"巴学园"里努力维系那一点点大正时代的气息，和学生平等地交流，带他们去看看大自然，教他们学会爱与谅解。儿时的小豆豆就始终不理解，小林宗作校长为何总是有一种忧郁的感觉。1945年，在战争即将结束前，"巴学园"毁于战火；1963年，小林宗作辞世。如果不是很多年后，黑柳彻子写下了这么一本《窗边的小豆豆》，小林宗作校长以及"巴学园"的故事，恐怕早就随着战火消失在历史的烟云里了。

因此，尽管《窗边的小豆豆》是一本充满了温情与暖意的书，但我们还是应该知道，这本书属于一个非常特殊的年代，在那样一个特殊的年代里，还有教师能够坚守自己的温情、善良，以及种种人性的光辉，他们值得我们敬仰。

红楼无梦在扶桑

有时候我在日本的中小学向日本孩子们介绍自己的名字时,都会说一句"是刘备的那个刘"。稍稍大一点的孩子,会瞪着大大的眼睛,发出惊叹的声音,其实是想说:哦,是三国里的那个刘备吗?你会和刘备有什么血缘关系吗?(按日本的习惯,如果一个人姓"德川",那总有可能和德川家康扯上什么关系。)

确实,稍稍念过一点书的日本孩子都会熟悉曹操、刘备、孙权这三个名字。当然,我估计其中有不少男孩子是从 KOEI 集团开发的电脑游戏里最早见到这几个名字的。不管怎么说,三国故事在日本有着超乎寻常的人气,是中国人想要和日本人找点共同话题时最方便的抓手。有时候我甚至加一句,"我来自四川,换言之,就是书上写的蜀国",那肯定会有几个孩子简直能雀跃起来,急切地想要跟我切磋一下对三国故事的种种看法了。

所谓的"四大名著"之中,《水浒传》和《西游记》在日本的影响,较之于《三国演义》稍逊一筹,但也有一定数量的读者。尤其《西游记》,为我们贡献了经典的孙悟空和猪八戒的形象,直接启发了后来风靡全球的日本漫画《七龙珠》，那里头也有一个小猴子，而且日语也写作"孙悟空"。当然，按照作者鸟山明最后的解释，这只猴子原来竟是一名赛亚人。《水浒传》似乎是因为登场人物太繁复了，不像《三国演义》，有一个更明显的三足鼎立的体系，因此始终让日本人觉得记起来有些困难，一百零八将里仅有鲁智深、武松等几个人物有影响力。

但真正让我吃惊的是，《红楼梦》在日本几乎没有什么读者。尽管我们素来知道，日本和中国文化有着千丝万缕的联系，中国古典诗文也在日本教育中占有不小的板块，但从我自己的亲身感知来说，在中国被奉为经典中的经典、名著中的名著的《红楼梦》，在日本几乎难觅知己。我和一些日本高中生说起"贾宝玉""林黛玉"两个名字，他们只会一脸茫然。提及《红楼梦》这个书名，如果是选修了"外国史"的学生，还可能提一句这是中国清代的一部小说，但具体内容就一片茫然了。

事实上，如果要追溯历史，早在江户时代的宽政五年（1794年），日本就有一艘贸易船把《红楼梦》的刻本带到日本了，彼时距离程甲本《红楼梦》的刊行仅仅两年时间而已。但是，书虽然到了日本，却一直没有什么读者，而且更重要的是，也一直没有译者将其译成平易的日文，以供普通日本人阅读。翻译《红楼梦》的工作，要一直到明治时代才有人陆陆续续做了起来。然而，即便今天，有一位汉学家伊藤漱平先生已经翻译出了非常详备的日译本《红楼梦》，我依旧很少见到日本人捧着这本书读。而在国内，随着近些年整本书阅读的开展，《红楼梦》简直成了每个中国高中孩子课桌上的标配。

有时候，一个东西很有影响力，我们还是比较好理解其原因的；

但如果一个东西没有什么影响力，则很难说得清楚，其中的原因究竟是什么。日本学者加藤彻曾试图回答过这个问题：四大名著都在江户时代进入了日本，但据他看来，在这当中，《三国演义》的权谋之争、《水浒传》的庶民生活、《西游记》中一种仿佛电子游戏般一路"升级打怪"的模式，都是江户文学中不曾有过的东西，因此对当时的日本人而言，是一种新鲜的趣味。唯独《红楼梦》，偏偏不凑巧地遇上了日本传统恋爱小说或者说家庭小说中的知名经典《源氏物语》。因此，其锋芒在日本完全被《源氏物语》盖住了。与之类似的是《杨家将演义》，杨家将的故事在中国妇孺皆知，但在日本则乏人问津，因为日本很早就有了比较成熟的军事文学作品《太平记》。也有中国学者从内容上解释，《三国演义》的本质是戏剧冲突极为强烈的故事，情节峰回路转，引人入胜，基本不需要什么文化背景。而《红楼梦》的故事则不似三国那般大开大阖，全部划定在极端细腻的家长里短之中，再加上种种中国的风俗传统、人情世故，并非一般的外国读者容易亲近的。

这些解释都有一定的道理，也从不同的侧面解释了这一现象的成因。不难想见，中国文化同日本文化，即便在历史上有着很深的渊源，但在一些紧要的地方，还是有很多重要的区别。今天在中国的各所高中里，有那么多孩子仍在兴致盎然地探讨着《红楼梦》里的典故、人物、词章，这其实就是我们这个民族的文化审美趣味沉淀到下一代人心中最关键的一个过程。

藤野先生

2018年末,我到访了位于日本仙台的东北大学。仙台是个小城,但在中国名气却不小,很大程度上是因为鲁迅先生曾经在那里求学。对仙台人而言,鲁迅也是一个极其温暖的符号。我们一行人当天乘坐的是出租车,司机知道我们从中国来,专门把车开过了青年鲁迅留学时曾寄宿过的民家,并且在好几百米开外就开始强调,"一会儿就要见到鲁迅先生住过的屋子了哦!"等到经过那间屋子的时候,司机又特意把速度降了下来,以便让我们看清楚。房子周围早已变作现代化的楼房了,但那间孤零零的木屋还分明是日本明治时代的样子,仿佛就在等着鲁迅上完藤野先生的课,踱步回来。

连出租车司机都知道哪里是鲁迅曾经寄宿过的地方,仙台人民对鲁迅的感情可见一斑。

1902年,那个还叫"周树人"的江浙小伙子到日本留学,先在东京的弘文学院念了预科。但周树人并不喜欢东京的氛围,留学生一个个学着明治日本最轻浮的一面,抹发蜡,跳洋舞。因此周树人从弘文学院毕业后选择到偏远的东北小城仙台学医。据历史档案记载，在他以前，仙台只有一位中国留学生。在我看来，这当中多少有点自我苦行的意味。

当然，后来发生的一切，我们都通过那篇选入教科书的《藤野先生》所熟知了。在仙台医专，"细菌的形状是全用电影来显示的，一段落已完而还没有到下课的时候，便影几片时事的片子，自然都是日本战胜俄国的情形。但偏有中国人夹在里边：给俄国人做侦探，被日本军捕获，要枪毙了，围着看的也是一群中国人；在讲堂里的还有一个我"。这让年轻的周树人意识到，"医学并非一件紧要事，凡是愚弱的国民，即使体格如何健全，如何茁壮，也只能做毫无意义的示众的材料和看客"。由此，他才固辞藤野先生，连医学也不再学了，回到了东京专事文艺创作。仙台医专固然失去了一位留学生"周树人"，但中国却因此收获了一位近代史上最伟大的文学家和思想家"鲁迅"。

日后鲁迅对于仙台的回忆，显然因为藤野先生的存在而显出了很多暖意。这位严肃的老师，将周树人的听课讲义拿了过去，并且"从头到末，都用红笔添改过了，不但增加了许多脱漏的地方，连文法的错误，也都一一订正。这样一直继续到教完了他所担任的功课：骨学、血管学、神经学"。尔后既为鲁迅敢于解剖尸体而欣慰，也欲言又止地想要问问中国女人裹小脚是怎么一回事。甲午海战以前，日本人对清王朝犹存敬畏；但甲午海战失败之后，清王朝在日本人心中的地位一落千丈，大量关于中国的记述从此都开始带着猎奇和嘲讽的意味，中国女人裹小脚云云，往往出自这一脉络。藤野先生肯定见过这类文字，但还是愿意抱着谨慎而科学的态度和周树人谈起这些，可见他多少体察到了这位留学生敏感的心理。当然，更重要的是，当有日本人因为周树人解剖学考试及格而写匿名信时，藤野先生选择站在了周树人一边。作为一个留学生，我自己对此是深有体会的。留学在外，想求的往往不是"优待"，而是"公平"，是可以被和本国学生一样公平对待。藤野先生给周树人的，就是这样一种公平。在那样一种时代背景下，藤野先生的这种公平会显得更为可贵。《藤野先生》通篇读来都会觉得一种暖意，我想，鲁迅写这篇文章时，是少有地带着一种温情在写作的。

不过，近些年，随着史料的进一步开放，学者们越来越多地注意到，当日在仙台医专给周树人等学生讲课的，除了藤野先生之外，还有敷波重次郎（1872—1965）先生。根据现在留下来的课程表，当时应该是敷波先生讲上午的课，藤野先生讲下午的课。鲁迅自己也说"解剖学是两个教授分任的"，但他却从来没有将这位敷波先生形诸自己的文字。某种程度上，可以说鲁迅在刻意遗忘这位曾经的老师。更有趣的是，敷波和藤野两位先生，在当时的仙台医专，简直就像是站在两个极端。敷波是学校里的明星级教授，毕业于日本知名的第四高等学校，又从东京帝国大学进修归来，德语流畅得仿如母语，据说上专业课时都是用德语。他出生于日本北陆地区有"小京都"之称的金泽的商人家庭，处事活络，尤其擅长击剑，和学生们打成一片，到处都受到爱戴。相反，藤野先生来自偏僻的福井县，只是因为家里祖祖辈辈习医而入了这行，不像敷波先生那样挂着晃眼的名校头衔。藤野先生讲话带着浓厚的家乡土音，德语更是一句也没学过，而且讲课的口吻过于严肃，学生们上他的课往往只求快些下课。两者资历判若云泥，连工资也差出一大截，据说敷波先生是月薪一千元，而藤野先生则是六百元，属于教授里最低的一种。1906年3月，周树人辞别仙台医专，但其实就在一个月前，敷波先生也暂离仙台医专，受派前往德国留学。敷波先生为这趟留学之旅准备很久了，要有重重选拔和考核，所以在1905年这个消息下来之后，学生们就为他们的明星教授举办了盛大的欢送仪式，周树人也参加了，并且夹在众人之中，留下了一张和敷波先生的"合影"，反倒是和藤野先生，他没有一张合影。

但在很大程度上，也正是因为准备留学德国，敷波先生对上课显然没有藤野先生那么用心。今天鲁迅博物馆还幸运地保留着鲁迅当年学习时的讲义，敷波先生批改的笔记潦潦草草，藤野先生的则一丝不苟。藤野先生的严肃认真固然是一贯的，但大概正是因为藤野先生自己也属于教授中最弱势的一个，才会对这个因为孤身留学而显得最弱势的周树人别有一种关心。日本学者将其称为"弱者的共情"，我觉得是很恰当的。周树人会不会体察到藤野先生的这种处境？很显然是有的，这便是为什么在《藤野先生》的一开头就有几个自作聪明的学生：

"他们便给新生讲演每个教授的历史。这藤野先生，据说是穿衣服太模胡了，有时竟会忘记带领结；冬天是一件旧外套，寒颤颤的，有一回上火车去，致使管车的疑心他是扒手，叫车里的客人大家小心些。"

日本东北大学展示的藤野先生照片

因为弱势而被笑话，其实既发生在周树人身上，也曾经发生在藤野先生本人身上。

我记得有一次，我的一位老师说，以前班上特别优秀的孩子毕业后回来看他的比较少，反倒是一些当初表现平平的孩子对我挂念得比较多。这背后的心理，是不是一样的呢？

日本汉学的转轨：
谈斯波六郎

日本知名汉学家斯波六郎（1894—1959）先生的名声，在国内学术圈并不算小。早在1997年，上海古籍出版社就影印了由他主持编纂的《〈文选〉索引》。书前有一篇他的长文《〈文选〉诸本之研究》，考辨《文选》诸种版本的关系，成为日后凡研究《文选》者必定征引的名篇。尽管近些年，傅刚、小尾郊一等中日学者针对斯波六郎的旧说，提出了诸多新见，但仍旧非常尊重他在这一领域筚路蓝缕的贡献。所谓"日本选学第一人"的称号，到今天也站得住脚。不过，也正是因为斯波六郎在《文选》版本及校勘领域的贡献太过卓著，大多数人对他的印象止于一个文献学者，仿佛他穷尽一生只在《文选》一书上下功夫，而且下的主要都是文献学的功夫。

2019年，我和朋友将他的一本更轻盈的小书《中国文学中的孤独感》翻译到国内，一定程度上就是为了稍稍改变人们的这一印象，让大家窥见一个更有文人性情的中国文学史家斯波六郎。

1894年3月9日，斯波六郎出生在石川县凤至郡七浦村。据他回忆，那是日本能登半岛西北端的一个偏僻之所，万幸在不远处有佛教曹洞宗的大本山总持寺，仰赖于一批高僧硕学的影响，当地文风颇盛。斯波六郎的父亲也略晓汉文，在他7岁的时候，就教他吟诵了李白的"长安一片月"，给他留下深刻的印象。

1910年，斯波六郎进入石川县师范学校。1915年，作为县师范的第一名，斯波六郎升入广岛高等师范国语汉文科。在广岛高师逐渐崭露头角的斯波六郎，到1923年又进入京都帝国大学中国语学中国文学专业，于1926年成为研究生。在京都的数年间，斯波六郎师从狩野直喜、铃木虎雄两位先生，并且和小他10岁的吉川幸次郎成为终生挚友。斯波六郎求学时，正是《文选集注》这一重要文献重新问世之时，狩野直喜当时就建议他从事相关研究，这直接影响了他一生的学术轨迹。

1929年，斯波六郎回到广岛母校任教。日本学制而后发生多重变化，从广岛高等师范学校到广岛文理科大学，再到战后的广岛大学，称谓和性质均有变化，但学脉一以贯之。斯波六郎长年坐镇其中，实为广岛汉学研究的当家人，直到1957年退休，两年后病逝，享年65岁。

这本《中国文学中的孤独感》，由斯波六郎在战后的几场公开演讲而来。原子弹爆炸之后的广岛，几如一片废墟。斯波六郎非常敏锐地捕捉到，杜甫所谓"国破山河在"，指的是山河一如往常，人类社会则生灵涂炭；而广岛之惨烈，甚至到了山河都变换原貌的地步，人类社会自不待言。当时流传的说法是，广岛在70年内都将寸草不生。人在这种境遇之下，依凭顿失，惶恐降临。斯波六郎想和听众聊聊"孤独感"，恐怕既是这一特定时空下的自我排解，也是彼此宽慰。

斯波六郎用了一个非常现代的例子来解释孤独感，那就是在东京警视厅的调查里，中年的自杀者往往不怎么写遗书。年轻人的自杀大多出于某些单一的缘由，例如情感，而中年人的处境往往盘根错节，很难向旁人讲明白，所以遗书也就无法可写。所谓孤独感，就是这样一种孤立于他人的感觉。

斯波六郎从《诗经》的"心之忧矣，其谁知之？"以及《左传》的"人心之不同，如其面焉"中均能见出这样一种朴素的孤独感，而到了《离骚》那里，"鸷鸟之不群兮，自前世而固然"，屈原的孤独感乃和一种古老的"天道与善"的信念勾连到了一起。而屈原的自杀，恐怕就和这种信念的破灭不无关系。"往者余弗及兮，来者吾不闻"，用斯波六郎的话来讲，是"相较于过去的时代，我来迟了，而未来的时代，我也无缘看见了"。屈原的孤独，是夹在了新旧时代交替之间的一种被遗弃的孤独。如果说屈原将自己的孤独"倾诉"了出来，那么宋玉则学会了将孤独的自己"描绘"出来，这便是"廓落兮，羁旅而无友生。惆怅兮，而私自怜"（《九辩》）。汉人法宋玉之道，写下"廓抱景而独倚兮，超永思乎故乡"（《哀时命》），乃是自己怀抱着自己的影子，更将这种孤独的况味添了一层。

不过，在斯波六郎看来，写影写得最富于情味的，还是陶渊明。或如"欲言无予和，挥杯劝孤影"（《杂诗·其二》），或如"偶有名酒，无夕不饮，顾影独尽，忽焉复醉"（《饮酒序》），令人不难想象，影子成为一个陶渊明可以悄声倾诉其孤独的对象。陶渊明对孤影有这般情感，他对孤鸟（"栖栖失群鸟，日暮犹独飞。徘徊无定止，夜夜声转悲"）、孤云（"万族各有托，孤云独无依。暧暧空中灭，何时见余晖"），乃至孤松（"景翳翳以将入，抚孤松而盘桓"），似乎都充满了同情之感。

杜甫在某种意义上成为陶渊明的放大，因为这个已经感知到"江上形容吾独老"的杜甫，却仿佛对世间种种都有了一种体恤的胸怀。"盘餐老夫食，分减及溪鱼"（《秋野五首·其一》），本就不多的一点食物，却想要分给溪中游鱼。杜甫之前的人，写不出这样的句子，更动不了这样的心思。又或者说，正是因世间冷暖而体会到了巨大的孤独感，杜甫才越发能将哀怜之心推及万物。中日两国一般都是"李杜"并举，李白在前，杜甫在后。不过斯波六郎在这本书里却是先谈了杜甫，再在终章回述李白。"他人方寸间，山海几千重"（《箜篌谣》），写下这个句子的李白同样感知到了人情之不可靠以及人类的孤独性，然而，李白的孤独更多地来自他建功立业的雄心和怀才不遇的落差，由此引发了对那些不识自己才华的俗人的鄙薄（"流俗多错误，岂知玉与珉"）。李白是自高于世人的，但在杜甫那里很难见到这样一种高自标置的心态。大概，对于刚刚亲历战争之惨烈的斯波六郎及讲台下的听众而言，杜甫更会让他们有一种贴己的感觉吧。

《中国文学中的孤独感》体量不大，但斯波六郎以精妙的心思和丰富的体验，借着"孤独感"这条主线，其实是勾勒了中国文学的观念、手法、题材、体裁从早期到李杜时代的演进史，是一部见功力也见眼光的中国文学史。

斯波六郎这一生其实作品很少。除了这本由讲稿而来的《中国文学中的孤独感》，另一本有很强札记性质的《陶渊明诗译注》，以及为获得博士荣誉衔而撰写的《〈文选〉李善注所引〈尚书〉考》之外，就只剩一些零散论文了。而且，如果更细致地观察，他一生只有一次短暂的中国之旅，终身未学汉语（在这一点上与老友吉川幸次郎截然相反），只以最传统的日本训读方法与汉籍文献耳鬓厮磨。饶宗颐拜访他的时候，讶异于这位日本"选学第一人"原来只能以笔谈的方式与自己交流。那光景，其实和明治时代中日两国学人的笔谈没什么差别。

斯波六郎所承续的，确实是那种典型的日本传统汉学。这种汉学传统由来已久，以汉籍为中心，以训读为途径，以学问为旨归。这样的日本人虽然未必精通汉语，却可以以日语语法的形式将汉文典籍一章章背诵下来。其中浅易者，如《论语》，就拥有不可胜数的日本读者；而繁难者，尤其像《文选》，则往往是学者们长年累月嗜好、玩味的对象。对斯波六郎这一辈的日本学者而言，汉籍不完全是一个客观的研究对象，而是他们从小记诵、出口即来的观念和学问的底色所在。细读此书，我们甚至不难发现几处诗题记载混淆，或字句讹误。其实这不能完全推诿于所谓手民之误，斯波六郎引述种种，太自傲于自己的记忆了。这基本上不是一本照着资料写出来的书，而是靠着头脑里比对材料，玩味出来的文学史。

也是因为这个原因，斯波六郎在"后记"里戏言这本书有些"鸡肋"。他毕生心许的学问，是日夜涵泳于《文选》之中，校勘诸本，甚至愿意为之耗费巨大精力编纂索引。反倒是这类带着专题研究性质的东西，不是他特别在意的学问。倘若不是恰好遭逢了原子弹爆炸后几场"孤独感"心绪很重的讲座，倘若不是当日的年轻学者横田俊辉费心做了笔录，这本书里的内容恐怕很容易就随风消散了。事实上，这几场讲座后不久，斯波六郎确实又一头扎回了《文选》和《文心雕龙》的世界，好些东西据说想写，但也没有在辞世前写出来，尤其他想要对范文澜的《文心雕龙注》进行全面的补订，可惜天不假年。

不难看到的是，斯波六郎本人不太在意的这本书，确实开启了战后日本汉学的一条非常重要的脉络。他在书中几次谈及中国文学对自然的感知，譬如《九辩》中所呈现的中国人的季节感等，实则启发了弟子小尾郊一日后撰写其成名作《中国文学中所表现的自然与自然观》。这既是一种题目上的启发，更是一种方法上的启发。以一个话题为圆心，竭泽而渔网罗材料，再循序排比，最后得出一个稳妥的结论。我们常常赞叹日本学者做得"精致""材料功夫好"，其源头或许在此。今天的日本汉学家也基本是这一方法的受益者，但恐怕少有人还会觉得，倘若做中古文学，必须先把《文选》从头到尾温熟一遍了。尤其随着检索工具的进步，今天整个的古典学问都在越发地"客观化"。传统典籍，其实成为一种随时等待检索的资料库，我们从里面拣出几条能用得上的材料，便想忙不迭地抽身出来了。

记得翻译这本书的过程中，我几次和日本汉学界健在的老先生们谈起斯波六郎。他们大多会有相似的感叹，"今天的日本，恐怕既没有这样的学问，也没有这样做学问的人了"。

第五辑

历史碎片

日本人眼中的中国科举

刚刚到日本留学的时候,我就钻进了学校的图书馆,想一探日本大学的文献家底。在"国别教育研究·中国教育"类的书架上,我确实见到了非常丰硕的馆藏,既有长年积累下来的统计资料,也不乏一些新近的研究成果,顾明远、潘懋元等国内学术大家的著述也搜罗得大体完备。但我竟然没有见到哪怕一本和科举相关的著述。我当时还想,大概科举这个话题太古旧,对日本学者而言,还是当代教育问题更有价值吧。

直到很久以后,一次偶然的机会,我去"政治·职官"类的架上找书,才发现那里摆放有整整两排关于科举的文献资料。这才恍然大悟——日本人是把科举当作一个政治制度来理解了。在中国念教育学专业太久,我自然而然地把科举视为了一个教育问题;每年高考之后,各地都忙不迭地宣传自己培养出来的"状元",也在无形中加重了这种意识,将历史和现实重叠,用今天的高考来玄想古代的科举了。但仔细琢磨起来，日本人的这个归类是有道理的。科举，说到底也确实是一个政治制度，而非教育制度。

在日本学界，对科举问题阐释得最全面、影响也最深远的，当属汉学泰斗宫崎市定（1901—1995）先生所著的《科举》一书。宫崎市定以清代科举制度为核心，介绍了一个古代中国读书人要为之奋斗的漫长历程，先县试、府试、院试，再经乡试、会试、殿试，终至状元及第。国内讲解这套流程的文章多如牛毛，我便不赘述了。最值得我们关注的，是他对这套科举制的理解和评价。

宫崎市定（1901—1995）

宫崎市定非常明确地指出，科举是一套选官制度。它在隋代得以创设，径直向六朝以来的世袭贵族政治发起冲击。天子要与贵族圈子抗衡，便以科举为途径，延揽一些出身下层的人才，以为己用。这就解释了，为什么在朝廷里最感觉到孤家寡人的武则天，同时也是最积极推动科举的皇帝。这套制度的厉害之处，就在于它将贵族也网罗了进来，以至于日后，贵族出身的唐人薛元超在步入晚年后竟会悔恨自己年轻时"不以进士擢第"。由唐入宋，中国由贵族社会进入平民社会。平民想要通过科举步入仕途，就会为之付出更大的心血，也势必对拔擢他们的皇帝更加感恩戴德。科举中的"殿试"一环，也是在宋代才有的。皇帝亲自对士子们加以检视，士子们顶着"天子门生"的光环，步入官场后自然就成了皇权的延伸。这种情况进入清代以后愈加明显，长年太平，冗官渐多，科举在很大程度上甚至已经不是为了选拔什么样的人才，只是为了以八股文网罗住天下的读书人罢了。宫崎市定很敏锐地看到，科举制度从来都是皇权政治的附属，是天子用一根线拽着的木偶。

与此同时，科举对中国教育的伤害也是明显的。政府投入民脂民膏的所谓太学、府学、县学，全部沦为了考试预备校，而且舞弊丛生。稍稍读过点明清小说的朋友都能体会到，有钱公子哥的出路大抵都是"捐个监生"。另一方面，历来得不到健全发展的民间教育，终究不出私塾、家塾的范畴，最后也都要汇入科举的洪流之中。因此，在宫崎市定看来，科举制度，可以说是皇权政治凌驾在了教育之上。步入晚清之后，面对西方的船坚炮利，清政府不得不开办了许多新式学堂，但科举依旧延续着历史的惯性，起到了不小的反向作用。有鉴于此，宫崎市定反复提醒读者，科举制度虽然历来以"开放"和"公平"这两点自傲，但所谓"开放"，所谓"公平"，都和现代意义上的教育制度差得很远。

2017年，海外学者李弘祺的名作《学以为己：传统中国的教育》也被华东师范大学出版社引进出版了。稍稍读一读就能发现，李弘祺的许多看法和宫崎市定不谋而合。

日本自古以来积极吸收中国的文化元素，但科举始终没有成为舶来品，进入日本社会。如今想来，其原因还是在于科举的政治属性。古代日本有着明晰的身份制度，天皇在上，将军掌权，诸藩大名镇守各地，再往下则有士农工商的等级划分，武士可称是最末一层的贵族。这种身份制度是生来注定，不得更改的。无论社会如何变化，也只是在阶层内部流动。因此，科举以及科举会带来的"朝为田舍郎，暮登天子堂"的社会憧憬在日本并不容易得到认同。事实上，要一直到了1872年，明治政府才颁布《学制》，不问身份，为所有"国民"提供相同的教育。

但日本史有趣的地方就在于，如果仅仅因为这一点，便认为古代日本普通老百姓的教育水平低下，那又未免失之狭隘。古代日本有两种近乎平行的教育体系。一种是藩校，向武士阶层传授儒家经典。这和我们的文化传统非常贴近，很多人都比较熟悉。另一种则是由民间开办的寺子屋，学生都来自普通百姓家。这些小孩不太在乎儒家的高妙义理，只学简单的阅读、书写、数学，又或者是做生意时必需的算盘功夫。寺子屋的兴盛是古代日本非常独特的现象，它使得日本在步入近代之前就拥有了非常高的全民识字率，这在全世界都颇为少见。

学者辻本雅史认为，日本没有引入科举制，就使得上层社会的学者始终将儒家学说视为一种思想资源，既可攻讦，也可辩驳，不完全定于一尊，而且不必和干禄之学混在一起。日本儒学者身上的包袱要轻很多。而且，也正是这批人在幕末时代最积极地和西洋学问接触，像对待中国学问一样去对待西洋学问，趟开了一条路子。另一方面，寺子屋培养出来的众多讲求实用也能够识文断字的民众，则成为了明治日本产业革命的中坚力量。

那个时代的日本，就像一艘小艇，飞快地转向了西洋化的浪潮。

莫理循，
一百年

高中的历史教材从来绕不开鸦片战争，因为那是中国近代史的开端。稍稍熟悉教材的朋友可能都记得那幅插图版画，是英军炮击了中国的战船，中国人第一次真切地感受到了西洋人的"船坚炮利"。我在日本的高中教材中也屡屡见到这幅画。他们的教材会特别强调，中国在鸦片战争中的失利，给日本朝野带来了巨大震动。值得一提的是，很多朋友似乎不太理解这幅画的构图，在画面右方，那艘扁平的现代战舰才是英军的"复仇女神号"（Nemesis）。这艘1839年刚刚完工，有着660吨排水量的东印度公司铁制战舰，在海面上如鬼魅般穿梭来回，自然是当时的清军划桨扬帆怎么也望尘莫及的。被一炮炸毁的船，则来自清军。

有些日本教材会标注图片出处，由此我才注意到，这幅版画出自英国画家邓肯（Edward Duncan）之手，名为《击沉中国战船》（Destroying Chinese war junks），于1843年正式刊印。而日本教材所用的插图,基本都是藏于日本东洋文库的一幅原刊本。

东洋文库的标志性风景——一面"书墙"(笔者摄于 2017 年)

说起东洋文库,就不得不提起它的前身莫理循文库。2017 年是莫理循文库跨洋抵达日本 100 周年,东洋文库举办了非常隆重的纪念展,我特地去了一趟。我想,莫理循的故事,还是值得一讲的。

进入位于东京东北部的东洋文库,最震撼的一幅画面应该就是一排书墙。足足三层的珍贵藏书,都曾经属于一个叫莫理循(1862—1920)的澳大利亚人。莫理循生来喜爱冒险,18 岁就徒步穿越过澳洲大陆,之后游历过西班牙、摩洛哥、日本,于 1894 年到了中国。他从上海出发,沿长江溯游到重庆,再取陆路,向西南方探险,一直走到了缅甸的仰光。他把自己在中国的经历出版成书,立刻在西方世界引起轰动。加上这一时期甲午战争也爆发了,远东地区成为了世界瞩目的焦点,《泰晤士报》便将莫理循聘为记者,时时向西方世界传递东方的见闻。莫理循有冒险的精神,也有漂亮的文笔,而且晚清这一段历史里跌宕起伏的故事实在是太多了。可以说,《泰晤士报》在莫理循身上的投资实在是再明智不过了。当时很多欧美人都急切地借着莫理循的眼睛关注中国的动态,莫理循也愈发和中国的各界人士走得更近，1912年，袁世凯就任总统之后，将他聘为政治顾问，这一职务一直延续到了徐世昌时代。

莫理循在今天的北京王府井百货大楼一带有大宅子，事实上，1949年以前，王府井大街都被称作"莫理循大街"，其影响之大不难想见。莫理循在宅内专门辟出空间，建起了一座私人图书馆，陈列着他陆陆续续搜罗来的种种关于中国的欧文书籍。很有趣的是，莫理循虽然在中国度过了漫长的时光，但他总是驾驭不了汉语，因此他的文库以欧文为主，凡是和中国相关的，无论是书籍、杂志、地图，甚至是看上去无足轻重的零星纸片，都悉数收入囊中。我在这场纪念展中就见到了1496年在意大利威尼斯刊印的、用威尼斯方言写成的《马可波罗游记》，这是世界上现存最早的版本，真不知道当年莫理循为找到它花费了多少心血。我也听说，连莫理循当年在北京的房契、北洋政府大总统宴请宾客时的菜单，都在莫理循文库之中，虽然未曾见到原件，但不难想象，把这些东西一一存留下来的莫理循，对中国有多么深的情谊。扎根在王府井大街的莫理循文库实则早就超越了图书馆的范畴，学者来这里查访书籍，各界人士则在这里交换意见，而主人则从来访者那里打听到各种各样的消息。

可惜的是，1917年，看惯了城头变幻大王旗的莫理循渐渐意识到，他的这个顾问其实是个虚职，再也没谁认真听他的意见了。因此，他想回国安度晚年。而此时，他的经济状况并不宽裕，在离开北京之前，他必须想办法为自己的藏书寻找去处。遗憾的是，尽管莫理循文库盛名在外，但当时北京竟然没有人能出得起莫理循心目中的价位。据说张謇曾有心想要购藏，但最后仍因价高作罢。反倒是美国人和日本人积极联络莫理循。莫理循认为，自己的藏书无论如何还是应当留在东方，因此，他接受了日本人岩崎久弥的请求，将这套文库卖给了日本。同年8月，当手续办妥后，两万四千余册藏书分装入五十七个木箱中，经天津，走海运，抵达横滨，再运往东京。从今天的视角来看，岩崎久弥无疑是一位很好的合约执行人，他不仅履约完好保存下了整个文库，而且不断为之添置新书，仅仅七年之后，岩崎新购入的图书就达到了两万余册，已经不亚于莫理循的原藏了。1924年，在莫理循文库的基础上，东洋文库正式成立，并且将藏书的视野从中国扩展到了整个亚洲领域，为日本的亚洲研究奠定了最坚实的文献基础。

说起"岩崎"这个姓，很多人可能还会记起另一件往事。清代大藏书家陆心源（1834—1894）曾有皕宋楼，因为陆氏自称其中藏有两百余种宋刻本而得名。然而，陆心源之子陆树藩日后却因为经商失败，以及在义和团运动中救济灾民而负债累累，被迫将皕宋楼藏书出让。可惜的是，当时同样没有国人能拿出这笔钱，反而是在1907年，日本人岩崎弥之助将这批书买下了。陆心源藏书东流，一直是中国文化人心头的一件痛事，而买下皕宋楼的岩崎弥之助，其实就是买下莫理循文库的岩崎久弥的叔叔。皕宋楼藏书，今天还在岩崎家一手创办的静嘉堂文库之中。而岩崎家，就是日本三菱集团的创始者。

静嘉堂我曾去过。在东京的西南郊，先是地铁，后是公交，最后是一条长长的林荫道，弯弯绕绕一个半小时才能到。事先需要约好，到了馆内，工作人员早已经把我想要调阅的书放好了。那一天的阳光很足，透过窗外的树林，投映在我手中的一份孤本上。那是一份未及刊印的清人手稿本，流入日本之后，国内就再也见不到了。书不会讲话，只是安静地躺在那里，但在我的心中，那阳光照亮的，分明是百余年来一言难尽的中国近现代史。

那天在静嘉堂，我待到傍晚。后来在东洋文库，我也看了很久很久。出来，走到文库自家的庭园里，我发现很有趣的是，庭院里的每一张方柱上，都用亚洲各地的语言刻上了当地隽永的句子。今天的东洋文库早已经超越出莫理循文库的范围，把视野投向了全亚洲，这种亚洲意识才是今天东洋文库的核心。一百年前，莫理循文库流失东洋，这令我们感到遗憾，但不得不承认，日本人在之后的一百年中，一步一步扎扎实实地拓展学术视野，才成就了今天的东洋文库。对我们这一辈中国人而言，从鸦片战争到皕宋楼，到莫理循文库，充满屈辱感和遗憾的历史当然不容遗忘，但如何将自己的视野打开，拥抱这个融合得更为紧密的世界，同样是摆在我们面前的一道必答题。

谁是裴斯泰洛齐？
谁的裴斯泰洛齐？

"裴斯泰洛齐是谁？"我用这个问题考过不少念教育学专业的学生和在职的教师，大多能答上来几句，比较典型的答案是说他较早认识到教学要具备心理学的基础，但除此以外，也都谈不上什么突出的印象了。尽管这是一位教育史上名声显赫的人物，但对大多数人而言，"裴斯泰洛齐"这个名字还是显得拗口而又遥远。

然而纵观整个20世纪，对大多数日本的教育从业者而言，无论是大学里的教育学研究者，还是小学里的普通教员，裴斯泰洛齐，或者说写作日语的"ペスタロッチー"，又实在是一个再熟悉不过的名字了。中日两国尽管是亚洲近邻，但是在吸纳西方的教育观念方面，却呈现出了许多不同的风貌。

裴斯泰洛齐（1746—1827），生于瑞士苏黎世，以德语为母语，年少时在乡村度过，眼见着身边许多衣衫褴褛的农民孩子，他将帮助穷人作为自己毕生的愿望。而后，他受卢梭的影响，认为教育乃是改造一切社会现状的根本，由此开始了长达六十余年的艰难教育生涯。他先后办过"新庄"示范农场、贫儿之家、伊佛东学校等，一度名声大噪，旋又归于沉寂。但总体而言，他是一个理念远超时代之人，历次兴办学校，都希望贫困家庭的孩子可以在他这里学得手艺，养育人格，成为一个"头、心、手"协调发展之人，并由此带来社会的变化。但他毕竟是一个活在18世纪后半叶的人，这般理想反倒是和20世纪的杜威极其相似。因此，他始终是个屡战屡败之人，终身未能摆脱贫困，除了丰富的著述，没有留下什么遗产。丰富的教学实践让裴斯泰洛齐对学生的心理活动非常敏感，他也敏锐地意识到，要以丰富的感官接触为学生理解这个世界奠定基础，一定要让孩子尽可能多地感知事物的颜色、温度、音响、味道、轻重等，所有的教学活动一定要基于孩子的心理特征来开展，在这一点上，可以说他是教育活动心理学化的奠基人。

裴斯泰洛齐生前固然也有社会影响力，但名声大彰还是在其身后。随着德国、美国两个国家先后建成比较完整的义务教育体系，两个国家越来越需要应对从贫困家庭里走出来的孩子时——毕竟，在过去，教育是专属于社会中上层的特权——裴斯泰洛齐思想的价值就凸显出来了。

大概也就是在德、美两国的裴斯泰洛齐热潮过后没多久，日本的明治维新初显成效，遍及全国的学校体系一砖一瓦地搭建起来，从西方吸收现代教育理念的工作也就开始提上议事日程了。

有一次，我和广岛大学古贺一博教授闲聊，问日本早些年有东京、广岛两所高等师范学校对峙，它们各有什么风格。古贺教授说，东京高师（即今天的筑波大学）地处首都，既得参与政府决策之方便，又富藏古典文献，乃是传统学问的渊薮。广岛偏居西南，为了和东京竞争，不得不做出自己的学问特色。如果研究欧洲学术，那么东京、广岛都在一条起跑线上。因此，广岛的教育学历来以德国为标范，积极推介裴斯泰洛齐，后来走出来一位研究裴斯泰洛齐的大学者长田新（1887—1961）也就在意料之中了。我听古贺教授这番讲述时，脑子里浮现的其实全是北京师范大学和华东师范大学类似的学术竞赛关系。古贺教授这番话是有根据的。确实，以当年的广岛高师为基地，推介裴斯泰洛齐很快成为了一种风潮。

一开始，裴斯泰洛齐的教学方法很受重视。过去的日本人，习读儒家经典，也和中国人一样摇头晃脑地念四书五经。步入近代，裴斯泰洛齐的"物""感官"这类观念得到提倡，要求学生们凡事都要动手去摸一摸，用眼睛看一看，学校的教学风格发生了一百八十度的转变，地球仪、生物标本这类东西一个个摆进教室，学生们闷着头背诵高头大典的日子很快一去不复返了。在当时，这种观念的转变被称作"开发主义"，可谓是当时最鲜亮的一道风景。

不过，具体的教学方法其实很快就会退潮，"开发主义"的弊端也渐渐显现。有趣的是，裴斯泰洛齐这个时候在日本迎来了一个华丽的转身。随着新教育制度的建立和全民入学的实现，教师成为了一个日渐崛起的社会团体。据统计，在1924年，日本小学教师共计约20万人。而裴斯泰洛齐恰好成为了一个很合拍的"理想教师的形象"。裴斯泰洛齐终身从教，任劳任怨，积极探索教学方法，始终对贫困子弟抱有关怀，这几乎就是大正时代以后，日本政府最渴求的一线普通教师的样子。因此，尽管"开发主义"退潮了，裴斯泰洛齐的形象却愈加高大。当然，裴斯泰洛齐本人的事迹，也确实让那一辈的许多日本教师感到由衷的钦佩。在一种既是报国也是实现自身价值的愿景之下，很多日本中小学教师以裴斯泰洛齐为楷模，终身扎根教育。因此，在政府、学界、教育界三方的合力之下，裴斯泰洛齐的影响一时无人出其左右。

1927年是裴斯泰洛齐去世一百周年。借着这个日子，相关纪念活动层出，再加上长田新的勤奋，当时就将裴斯泰洛齐的几部重要著作都译作了日语，一般教师也很容易读到，由此裴斯泰洛齐在日本的影响如日中天，甚至一直延续到了战后。到今天，日本都还设有"裴斯泰洛齐奖"，颁发给日本教育界的突出贡献者。

如果说以上所讲的是裴斯泰洛齐在日本的故事，那么，聪明的读者，不妨也想一想，为何这位教育家在同时期的中国，影响却有限得多呢？

新遗产，
旧遗产

2015年，我还在日本念书时，有一天从新闻里听到，日本九州一带的"明治工业革命遗产"申请上了世界文化遗产。因为日文新闻里，也是原封不动的"世界文化遺産"六个大字，所以这个新闻一开始给我一种颇为异样的感觉。

说起中国的文化遗产，我会自然想到长城、故宫这类有幸保存下来的建筑实体，或者是昆曲、刺绣这类有赖师徒代代相传的独门技艺，但说实话，文化遗产对我而言终究是偏于古老的东西，或者不妨说，越古越好。如果说起日本的文化遗产，大多数人大概也能举出和服、茶道之类的代表，但明治年间的工业革命遗址，一个既充满现代感，又似乎勾不起多少文人雅致的东西，如何能够称为文化遗产呢？当然，后来我才知道自己少见多怪了，2014年的时候，位于日本群马县的富冈制丝场和绢丝产业遗迹群同样入选了世界文化遗产名录。

很遗憾，我至今也没有机会造访这几处新晋的世界文化遗产，因为距离我住的地方实在颇有些距离。但是，偶尔在周边的城镇转悠，我确实见到了几处颇为类似的地方。像过去曾经非常繁盛的工业城市，如尾道、仓敷等，都有几处明治年间的工厂厂房得到了保存，红墙森然，敞阔的旧厂房内还有照片和些许实物，让人颇能想象当年这个国家刚刚尝到现代化工业的甜头时的那种繁盛局面。偶尔还能见到一些小学生进来参观，亲手摸摸那些已经沉睡进历史的缫丝机。

其实这样的工业遗产中国也有很多，其中最出名的恐怕就是北京798。这个曾经的国营工厂，已经华丽转型，变为远近闻名的艺术区。但或许稍稍显得遗憾的是，今天的798已经完全见不到过去的痕迹了，这里的时尚新潮已经完全淹没了那段曾经的工业时光。

对中国而言，历史太久，遗迹太多，甚至连古代的都保护不过来。近代的工业遗址，往往随着产业的转型推倒重建了。在我看来，这种现象背后更麻烦的问题恐怕是，这类近现代的文明痕迹，究竟在何种条件下会被我们作为"遗产"而接受下来。

例如，群马富冈的制丝场和绢丝产业，从1872年开始运转，背后是政府的官方资本。日本政府聘请了法国人保罗·卜鲁纳（Paul Brunat）担任总指挥，目的就是打通日本和欧洲的贸易往来。日本需要法国的现代工业技艺，法国则依赖日本的桑蚕原料，两者紧密配合，吹响了明治时代产业革命的号角。当然，这样的工厂既带动了产业革命，更带动了社会革命。在过去，一个女性的出路其实是很有限的，社会下层的女性尤其如此，除了在家里做饭打扫，抚养小孩，真的很难谈得上什么有意义的人生出路。富冈的制丝场为千万从农村来的贫家女工提供了一种以前完全不可想象的新的生活方式。她们可以在这里，每天按着八个小时的工作时间，计算自己能挣到的工钱。有些女性还想在工作之余，识识字，打打算盘，这样即便在离开制丝厂后，也能独当一面做些小买卖。因此，在这附近出现了日本近代较早的女性夜校。换言之，制丝厂为一代贫穷女性提供了一种改变命运的可能性，其意义远在经济之外。

制丝厂停办于1987年，也即是日本即将迎来广场协议，经济高速增长即将宣告结束的时候。应该说，这一百年的时间过去，日本的整个社会经历了翻天覆地的变化。第二产业可以说都逐渐让位于崛起的第三产业了。日本女性更普遍地进入了社会，开始在各行各业崭露头角。制丝厂的停办，其实也宣告一段剧烈的社会变迁史逐渐归入了平静，人们确实可以以"遗产"来理解这些工业遗址了。

有时候，我会觉得，对于中国大多数十指不沾阳春水的学生而言，这同样是个问题。尽管每个学生都会在历史课本里知道"工业革命"这样的名词，尽管人人都会在地理课上学到一点有模有样的产业规划，尽管大家都通过政治课知道了"工人阶级"的意义，但是，又有几个孩子能对近代以来的工厂、工业生产以及工业生产带来的社会变革有直接的感受呢？对大多数孩子来说，可能那种轰隆隆作响的机械声都不容易听到了。

或许，对我们而言，这段历史还远远没有进入"遗产"的阶段？

大三巴上的
菊花纹

2019年，我在澳门大学担任客座讲师。说起澳门，大家自然会想到大三巴，想到葡萄牙，想到1999年那激动人心的回归时刻。我也不例外，但或许是因为自己的专业背景，我在澳门反而会关注起不少日本的元素，譬如大三巴牌坊。一位教授告诉我，上面既有牡丹纹案，也有菊花纹案，前者当然代表中国，后者则代表日本。因为建设大三巴的工匠里有不少日本人，而且他们当年集中居住的村落就在大三巴后面不远处的一个叫"茨林围"的地方。但澳门又怎么会有这么多日本人呢？

原来，16世纪末期，日本的丰臣秀吉就开始禁教，并且大举抓捕已经信教的日本人。有些人逃无可逃，最后越洋出海，流亡到了澳门。后来德川家康掌权，明令禁止这些流亡者返回日本。由此，这批流亡者只能"零丁洋里叹零丁"，安安分分在澳门扎下了根。当然，毕竟几个世纪过去了，通婚愈杂，今天恐怕不好轻易分辨谁是当初这批日本流亡者的后裔了。

其实，从1549年传教士沙勿略登陆日本鹿儿岛开始传教算起，日本当时的传教史不过半个多世纪。然而，沙勿略到日本的时候，日本正处于战国时代，群雄割据，各怀野心。欧洲人带来的火枪恰好可以成为日本各大名争抢地盘的有力武器。因此，地方大名都对天主教持开放的心态，主要还是为了获得欧洲人尤其是经由澳门过来的葡萄牙人手里的火枪。日本南面有个叫"种子岛"的小岛，葡萄牙人最早把火枪带到了这里，日本人也最早在这里仿制欧洲火枪，因此，产自当地的火枪多被称为"种子岛铳"。不过有趣的是，当时的火枪打出一枪后，还得花上很长一段时间填充弹药，因此日本人很快想到给枪手配备几名助手。一枪出去后，助手立刻送上已经准备好的另一杆枪，然后抓紧时间为上一把枪填弹。由此一来，时间得到节约，枪手可以快速地应对战场的环境变化，给敌人出乎意料的连续打击。尽管火枪是欧洲的洋玩意儿，但这种战法，却要等很久之后才在欧洲流传开。日本大名们拥抱这些欧洲来的传教士，恐怕是各怀心思，但对普通百姓而言，天主教宣传的"天下皆兄弟"，对于习惯了严密等级秩序的下层日本民众而言，确实颇有吸引力。因此，在日本上下层的合力之下，天主教的传教势头非常汹涌，仅仅半个多世纪的时间，信教人数激增，甚至许多大名也接受了洗礼。

这就和中国形成了比较有趣的对照。尽管很多葡萄牙人的据点在澳门，和大陆没有任何地理上的隔绝，但是当时的中国明朝对传教采取了比较严厉的禁教政策，中国普通人似乎也更亲近《论语》里"子不语怪力乱神"的传统教诲，因此天主教的传播始终处在不温不火的状态。身居澳门的许多葡萄牙人在长年传教未果的情况下，纷纷对日本投注了新的兴趣，开始在澳门学习日语，时刻准备着登陆长崎，开始新的传教之旅。这是历史上一个非常有趣的现象，文明之间的交流传播当然要依赖地利之便，但似乎又不能完全靠地理的远近来衡量交流的深浅。

其实，今天的澳门大三巴牌坊就是一座曾经的"大学"的校门。那所大学叫作圣保禄学院（Colégio de São Paulo），由耶稣会创办，存在于1592年至1762年之间。那是一所培养传教士的学院，因为这批传教士将来主要的使命是到日本传教，所以，当时的圣保禄学院里应该会传来阵阵日语的传诵声。今天站在澳门大三巴前，不知道你会不会听到这来自历史的神奇的回响？

谁可以用笔写字?

常常有朋友问我,日本的教育学者都研究些什么样的问题。我会说,日本人多研究一些有趣的小问题,有时候还颇能以小见大。每每说这样的话,映入我脑海的都是一本叫作《笔记本和铅笔改变了学校》(ノートや鉛筆が学校を変えた)的小书。它的作者、日本国立教育研究所的佐藤秀夫先生早已于 2002 年去世,这本书也是一部 1988 年的旧作了,但我觉得其中传达出的意味是隽永的。

佐藤秀夫将研究的目光投向了我们今天习以为常的两种学习用具——纸和笔。

日本最传统的所谓"和纸"是在中国造纸技术的基础上改良而来的,但两者都是利用水将植物纤维固定,从而变为纸张。然而,和纸的生产耗费人工,自古就非廉价之物。由此,用纸张印制成的书籍也不像今天这样轻易可得。在日本古代藩校,往往是由校方置备书籍,必要时借给学生抄阅,只有《论语》《中庸》这类要多次用到的书才会置备两三本。藩校往往自行印制书籍，其实也是出于成本的考量。这些和中国古代书院的情况相去不远。

　　因此，明治维新之后，虽然国家层面开始统合教育，但实际的教科书印制仍然要委托给各地的学校，而且他们仍是沿用传统的和纸技术，用和纸装订，但内容却已经开始包含近现代的科学知识了。然而我们知道，传统的技艺需要大量人力，而且往往不能量产。用木板印刷成的和纸式教科书需要一页一页人工捺印，很难一次性大量生产。这就造成了一些很有趣的现象，比如1874年的时候，文部省下令允许各地"翻印"官方的教科书，不将其视为侵权行为加以追究。因为在当时，文部省根本就应对不了随着公立学校成立而大量涌入的孩子们，只能任由各地忙不迭地翻印种种书籍。然而即便如此，很多地方仍然能见到没有书或者买不起书的孩子。在这个意义上，佐藤秀夫非常怀疑，我们今天对老一辈教育方式中"以教师为中心，而不以学生为中心"的状况的批判有些忽视了当时的实际情况。在那样一个很多孩子都没有书、可能只有老师一个人才有一本教科书的时代，自然会以教师为中心，并且由教师主讲，学生们匆匆忙忙地背。学生人人都手捧一本教科书，悠悠然地读书，其实是非常晚近才实现的一件事。

　　在19世纪70年代，日本才开始自己生产"洋纸"。所谓"洋纸"，显然是舶来品，就和这本书所用的纸张大同小异。洋纸在生产过程中掺入了酸，因此经年累月之后往往变脆，不利于保存。但洋纸可以实现工业化量产，当日本政府要真正实现全国教科书统编的时候，洋书的优势便体现得淋漓尽致。从1882年开始，日本文部省开始禁止各地对教科书自由"翻印"，同时批评这类教科书印刷质量低下，从而开始致力于统一全国的教科书，并于1904年基本实现。

换言之，造纸工业的革新在很大程度上催生了不同的教育生态。我这些年逛日本的旧书店，多能见到一些陈年的老课本。确实，用和纸印刷的教科书，质量还基本完好，就像中国传统的宣纸，有所谓"纸寿千年"的美誉。而那些用洋纸和铅字印刷的教科书，多已经破破烂烂，不便翻阅了。从某种意义上讲，和纸可能更具优点，然而，这种优点在当时是没有被看到的，反而是可以量产的洋纸很快就占据了教科书市场，而日本教育的全国化也随之到来。今天，和纸主要是艺术用纸，和普通生活完全拉开了距离。

随着纸张的变迁，书写的工具同样发生了剧烈的变化。日本今天能见到的一支最早的铅笔是德川家康的藏物，乃是墨西哥进贡而来的。但是，对当时的日本人而言，它只是海外奇珍罢了。社会上流人物仍旧是配合着和纸，用毛笔书写。这就造成一个同样的问题：手工捏制而成的毛笔并不便宜，知识的流布也并不那么容易。在穷孩子更多的寺子屋以及明治之后的很多小学，用的是一种叫"石盘"的东西。这是将粘板岩剥离之后削成的石片，然后用滑石一类材料做成棍状，在上面书写。换言之，很像是质量粗糙的小黑板。当时的小学教室里多有这样的石盘。老师讲到一些什么东西，就让学生上前去写，但石盘往往没法做得很大，写不了多少字就要擦掉重新写。在这个意义上，教育的效率注定是提高不了的。同样是在这个意义上，佐藤秀夫提醒我们，"书写"或者说"写字"其实也是一种经过了漫长历史才能为一般人所享受的权利。

1761年，德国人辉柏（Kaspar Faber）开始投厂生产铅笔。1795年，法国人孔德（Nicolas-Jacques Conté）实现了技术上的革命，由此，今天我们所熟悉的铅笔便开始大量出现。根据佐藤秀夫的考证，到1874年之后，日本进口海外铅笔的记录便频频出现了，铅笔很快就被视为一种重要的文具。1877年，日本本土生产的铅笔在产业博览会上现身，之后很快就向全国普及，并且力争廉价化。如果说和纸和毛笔能够完美地匹配，那么，洋纸和铅笔也形成了很好的匹配。由此，日本的孩子才开始慢慢有了属于自己的教科书、笔记本，同时可以用铅笔作为记录自己学习经历的工具。毛笔一旦下笔就不能改写，而铅笔还可以用橡皮擦拭，这对孩子的学习更是产生了巨大的影响。可以想象，有更多的孩子用上了铅笔，才可以随意地写下一点东西，哪怕错了，擦掉重写就行。孩子们在书写时的心态都会发生显著变化，而这些，在毛笔时代都是不可想象的。

很有趣的是，在"二战"末期，因为和英国关系交恶，日本开始用一些自创的词汇来表达原本的英文概念。铅笔里常见的"HB"被替换为"中庸"二字，表示软硬适中。战争末期进入学校的孩子，往往用"中庸"号的铅笔，书写作业。佐藤秀夫本人就是如此，他觉得那是一种很有趣的回忆。

1988年，佐藤秀夫写下这本《笔记本和铅笔改变了学校》，那时候在日本还没有兴起什么"文化史"研究之类的话题。他只是从扎实的史料钩沉中为我们重构了一种现代教学秩序在建设过程中的有趣现象。今天，我们可以用"媒介"这样一个词来总结佐藤秀夫研究的关键之处。但更重要的是，我们今天的教师和学生们，似乎已经从铅笔和洋纸的时代走出来了，我们面对的是PPT，是电脑，是网络。新的媒介环境下，我们是不是会有一些新的教学呢？

文字即文化

2018年8月,我和朋友合译的《甲骨文小字典》出版。作者落合淳思,日本立命馆大学研究员,是日本新生代汉学家中成绩比较突出的一位。这本书在日本初版于2011年,择取350余个日本义务教育阶段必须学会的汉字,讲解其在甲骨文时代的创立源流,并梳理日后的嬗变过程。此书出版之后颇受好评,不少日本普通读者都惊叹,通过这本书才认识到很多汉字都有如此有趣而神秘的起源。这本书编排得很用心,每个字都配有合适的卜辞作为案例来讲解,因此,我和朋友选择将它译为中文,其实也是想帮助更多中国读者亲近这份伟大的文化遗产。

很多人知道,甲骨文是现今发现的最早的、成系统的汉字。现存甲骨文均属商代后期之物。商人重占卜,凡遇大事,多会在乌龟的腹甲上钻出孔,然后加以灼烧,并从灼烧后的裂纹判断吉凶。占卜过程中的言辞也会刻在龟甲或兽骨之上,这便是今天能看到的甲骨文。商人占卜的内容涉及祭祀、战争、农耕、气候等诸多方面。因此,有时候真要感叹"地不爱宝",河南安阳殷墟中出土的这些甲骨文成为我们今天考察上古中国历史的绝佳材料。甲骨文已经是高度成熟和体系化的文字了。例如，一些字乃是描摹现实事物而来，譬如山、田，便是所谓象形字；一些字乃是三两个象形字组合表义，例如"休"，是人倚靠于树木之形，从而表"休息"之义，这便是所谓会意字。理解甲骨文，有助于我们在精神上回到上古时代，体察古人如何认识和记录他们周遭的世界，这其实也是古文字学最有趣味的地方。

落合淳思先花两章讲解这些甲骨学的基础知识，然后带领读者进入了实际的甲骨世界。他对三百五十多个汉字进行了编排，首先说明每个字的构形理据和意思，然后再给出具体的甲骨卜辞，通过对这片卜辞内容的讲解来呈现这个汉字在甲骨文中的具体意义。对甲骨文的理解，终究要还原到每一片具体的甲骨卜辞中去。作者不厌其烦地为每一个汉字编配原始的甲骨卜辞，最大程度地帮助读者真正进入甲骨文的世界。日本学者编纂工具书，总是细腻而扎实，我想，这也是这本书在日本颇受读者喜爱的原因吧。

有读者喜爱，说明在日本还是有相当一部分人群对汉字有浓厚的兴趣。对于这一点，我其实忧虑多于欣喜。过去有所谓"汉字文化圈"的提法，因为在古代的日本、朝鲜和越南，汉字以及随之而来的古诗文，都曾经像今天的美元一样，是一种文化意义上的"硬通货"。书籍、匾刻、账簿，到处都有汉字的身影。然而随着现代史的展开，朝鲜（以及后来的韩国）和越南都已经旗帜鲜明地抛弃了汉字。其实这也并非不能理解，一个现代的民族国家要形成，往往首先要形成一种独属于自己的语言文字系统，从而彰显自己的民族身份或者国家认同。我不止一次和越南的教育界同行交流这个问题，他们不是研究历史的，也不会发古之幽情。对他们而言，作为一个当代的越南人，当然要懂今天的越南文，至于古代那些文化遗迹，随它去吧。

相对而言，日本的汉字传统是最稳固的。在古日本，有语言，但没有文字来记录语言。按照今天通行的说法，公元三世纪末，有一个叫王仁的人给日本带去了《论语》十卷和《千字文》一卷，这大概就是汉字传入日本的开端。很多人知道日语里有假名，其实这些假名也都是将汉字简写或者草书化得来的。汉字在日本的历史快接近两千年了，很多词汇都是借助汉字从中国传到了日本。在今天，任何一个中国人到日本旅游，见到大街小巷上花花绿绿的汉字招牌，肯定能体会到这一点。因为汉字相通，自古以来中国的典籍就能被日本人识读，孔孟之道和朱子的性理之学，在日本历来不乏拥戴。

然而在近代"脱亚入欧"的洪流下，汉字的地位受到很大的冲击。1866年，前岛密——他一手缔造了日本的邮政事业——就曾上书德川庆喜将军，建议废除汉字，这是近代日本废除汉字论的肇始。尽管废除汉字论并没有成为官方政策，但大量的日本中上层人士开始疯狂地补习英文和德文，以能说一口流利的外语为骄傲，并逐渐将汉字文化抛在了一边。但无论如何，在明治时期，当这些受到了欧美文明洗礼的日本人想要用自己的语言反刍式地吸收外来文明的时候，汉字依旧起到了重要的桥梁作用。今天很多连我们中国人都耳熟能详的词语，比如"政治""经济""民主主义"，甚至"共产党"，都是那个时候的日本人借助于对中国典籍和汉字的"创造性发明"而催生出来的。

我在这里倒是很想讲一个有趣的例子，那就是与英文philosophy相对的"哲学"，就是日本哲学家西周（1829—1897）创造出来的新词。西周很早就觉得这个philosophy和我们东亚的传统有些不合，他开始甚至用过一个蹩脚的"斐卤苏比"来代称。我们知道，古希腊意义上的philosophy其实不是"智慧"，而是"爱智慧"的意思，表达的是人们对智慧的无限追求。西周由此想到了宋儒周敦颐所谓的"士希贤"，但"贤"似乎更近于一种人格品性的修养，而不是智慧，因此西周又换成了"希哲"，再加上一个尾缀，表示某门独立的学问，由此就有了"希哲学"这个词。后来西周又觉得，西方的philosophy和东亚的儒学其实是可以互相比照的，既然"儒学"是一个二字词，那么与之相对的最好也是个二字词，由此才削减成了今天意义上的"哲学"这个词。西周的这一译名日后被广泛接受，中国也同样认可了。汉字新词汇的创立，其实是一种思索和探究的体现。

然而，"二战"以后美国占领日本，给汉字教育带来了真正的危机。美国人认为日本应当美国化，甚至汉字都可以改写为拉丁符号。1946年，日本政府颁布了《当用汉字表》，规定只保留1850个汉字，其余均不进入教育环节。这个字表出台得很仓促，当时甚至觉得汉字终要废除，这个字表也只是应付一时罢了。然而，这种政策影响是非常深远的，因为没有哪个老师会自讨苦吃地给学生们教一些课纲以外的东西，这是全世界课堂的共同现象。从那个时候起接受教育的日本孩子会明显和之前的孩子有所不同，他们接触汉字的机会锐减，亲近汉字的可能性也锐减。1981年，政府又给这个字表追加了95个字，但这种锐减的趋势已然是不可挡的了，而且愈演愈烈。取代汉字词的，是片假名词汇。这类词就是单纯对欧美词汇声音的模拟，例如"hotel"，日本念出来和拼音"ho-te-lu"是一样的，只是写作片假名"ホテル"罢了。现在日本的年轻人，喜好汉字的少，即便是大学生们，提笔就忘字也并不罕见。对他们而言，用片假名词汇更容易，毕竟，会拼读就行了。

但我总以为这是一个非常令人遗憾的结果。不是因为我是个中国人就夸耀汉字的伟大，而是我能够明显地看到，明治时期的日语汉字词汇凝聚着一种探索、思辨的智慧，体现着一种能够将域外文明充分吸收、为我所用的能力。而片假名词汇——学术领域的片假名词汇如今也越来越多了——只会帮助懒汉。它不需要使用者深入探究这个词的准确含义或历史渊源，只需要照着读音拼一遍就行了。我想，这只会助长某种思想上的偷懒吧。

从这个意义上，我真心地希望我们自己能好好守护汉字这一伟大的文化遗产。

教育可以让
一个人站得有多高

1937年"卢沟桥事变"以后,日军凭借武力优势很快占领了北平。在日军开进北平城门前后,很多人不愿做亡国奴,纷纷南下或者西迁。很多大学也开始了一段艰辛的西进之旅。今天广为人知的西南联大就是北京大学、清华大学、南开大学三校迁往云南昆明后联合兴办的。当时这类学校很多,因抗战而起,随后又因抗战而宣告结束,历史虽短,但艰苦卓绝的办学历史永远都闪耀着光彩。不过,在诸多大学中,唯有一所大学坚持留在北平,同时又得到了大后方政府的正式承认,这就是陈垣校长领导下的辅仁大学。

辅仁大学始创于1912年,是梵蒂冈罗马教廷直接下令创办的一所天主教大学,一开始由美国本笃会主持创建,后改为德国圣言会,因此校中素来有诸多欧美的牧师和教授,但为了招纳更多中国的有识之士,辅仁大学聘请了威望极重的历史学家陈垣先生担任校长。辅仁大学自创办以来,资金充裕,名师济济,也吸引到一大批优秀的学子,今天我们耳熟能详的王光美、史树青、叶嘉莹等各界名人均是从辅仁大学里走出来的。

1937年,时局紧张,陈垣经过反复思量后决定不迁校。辅仁大学有德国圣言会的背景,德日两国在"二战"期间属于盟国,校内德国教员也不在少数,因此日本人对这所大学有所顾忌。陈垣更考虑到沦陷区里毕竟有大量青年需要念书,有一所大学在,对青年人而言总是有一点希望。因此,辅仁大学就成为了唯一一所被大后方政府承认的、身处沦陷区的大学。

自此以后,为了操持辅仁大学的运作,陈垣付出了艰辛的努力,通过种种斡旋,甚至可以让辅仁大学不悬挂日本国旗,其勇气委实可嘉。日方派来一位叫细井次郎的教授担任教务长。这位细井次郎还真是一位比较地道的教育家,从东京帝国大学哲学科的教育专业毕业,又曾经在泽柳政太郎和小原国芳领导的东京成城学校工作过,那里是日本战前少有的几处颇有民主改革风气的教育实践基地之一。细井次郎倾慕瑞士大教育家裴斯泰洛齐,因此行为处事多以教育为准则,对陈垣的校长工作并未过分刁难。但身处沦陷区,又在那么关键的北平,诸多辛苦悲酸的滋味陈垣肯定是尝尽了。远在开战前,日本军部的势力就极为鼎盛了,根本不是首相能管束得住的。因此,每每日本军队要进校搜查"敌匪",没有谁能拦得住。而辅仁大学中实则有很多师生在秘密从事抗战工作。陈垣一边要与日本军队虚与委蛇,一边要尽力保下自己的教师和学生,心力之耗损,可想而知。但凡事总有不能周全的时候,不时仍有师生被抓,被严刑拷打,甚至殒身监狱。这便是为什么他在这一时期闭门读古人写易代之书,总是"忍不住流泪,甚至痛哭"。

1940年,辅仁大学来了一个日本旁听生,时年24岁的小川平四郎。这位小川平四郎的背景说来不简单。他的父亲小川平吉是日本政治家，和孙文、黄兴、宋教仁都保持着密切的关系。据小川平四郎回忆，他小的时候，家里挂的都是这些辛亥革命元老所写的题字，父亲书桌上堆满了《大公报》和《申报》。他念高中时写议论文，往往就借父亲的这些报纸来做材料。倘若时局稳定，小川平四郎或许可以像更早些年的吉川幸次郎那样，从容来中国留学，做个中日两方都敬重的汉学家。但小川平四郎的留学生涯就是在战争中开始的，他对此感到迷茫，也感到苦恼。但他心里相信，无论如何，战争终究会结束，和平终究会到来，唯有到中国来，学到了中国的语言和文化，将来等到和平真正到来时，自己才能尽一份力。

小川的辅仁校友杨向柏在很多年以后的回忆文章中就说，他曾经和相声演员冯巩的父亲——当时辅仁大学的学生冯海岗，一起到小川宿舍里聊天。冯海岗问他为什么来中国。小川说："中国5000年的文化和悠久的历史，如吸铁石一样，对我太有吸引力。本国的文化、风俗、宗教，无论从哪个角度观察，基本来自贵国。"杨向柏则问："那你为什么像个隐君子，不串门，少言谈，实际同我们中国同学没有什么接触？"小川说："杨先生，我等来华留学，是充实自己的学问，目前所处背景，还是沉默的好。"杨向柏说，"背景"两个字，是画龙点睛的两个字。

诚如杨向柏所说，小川平四郎到辅仁大学来留学的"背景"，就是打了三年多的仗，就是凋敝的华北，就是尖锐的民族冲突。小川的选择，只是默默听课，默默看书。而且，因为中日同用汉字，所以高中时的小川就可以读中国的《大公报》，但汉语和日语差异极多，刚来不久的小川似乎汉语并未完全熟练。很多复杂又敏感的话题，他只怕想说也说不好，说不好更容易惹人非议。至于他的父辈和孙中山、黄兴的感情，他在当时也只字未敢吐露，因为这很容易引起日本人的反感。

　　小川在辅仁大学选了陈垣校长所上的汉诗课。陈垣知道这是一位日本学生，而且不是来求学位，只是想求学问。我目前没有看到材料，讲陈垣校长是如何看待这位日本学生的，但我想他一定有种种复杂的心情吧。他平日要和日本军队据理力争，在书房里会"流泪，甚至痛哭"，在课堂上却要直面一位多少有些陌生的日本人，难免会有一种压抑或别扭之感吧。但作为一个教育家的陈垣，显然能够克制自己内心的种种波澜，因为从小川这一面看来，陈垣校长待他和其余学生并无两样，甚至在做汉诗作业的要求上，亦不分旁听生还是正式生，全无区别，这是令小川极为敬重的地方。我想，当年陈垣不愿意让沦陷区的中国青年失学，面对一个不想介入战争的年轻日本学生，首先想到的恐怕也是一个教师的职责所在，总想将知识和道理讲给眼前的年轻人。

　　我往返中日两国查访这些材料，有时候难免会感叹，是教育者往往具备一些比较崇高的品德，还是教育这种事业的独特性，往往令教育者不得不以一些更高的标准来要求自己？教育出身的细井次郎能在战时尽量克制；桃李天下的陈垣则一方面有坚贞不屈的民族气节，另一方面则绝不轻易为难一个涉世未深的年轻日本学生。我不敢说他们的人格伟大到何种程度，但无论在哪一位的母国，他们的人格都显得卓然高范。

　　小川平四郎在辅仁大学旁听了一年后，回到了日本。

　　1973年3月31日，小川平四郎重新回到中国，这一次，他是"二战"后日本首位驻华大使。他在任内推动了多项协议，让两国关系回到正轨，为睦邻友好作出了极大的贡献。他年轻时的志向基本实现了。他有一个很有趣的趣味，就是当外交场合里，有人引用中国古诗时，他会仔细咂摸一旁的翻译译得是否既有韵味，又精准达意。不知道这当中有没有当年陈垣在汉诗课上教给他的东西。可惜的是，他的老师陈垣辞世于 1971 年 6 月 21 日。

杜威与日本：
1919年的交错

1919年2月9日，从美国驶来的"春洋丸"号邮轮徐徐驶入日本横滨港。美国哲学家、教育家杜威偕夫人爱丽丝走出船舱，迎接他们的是东京帝国大学宗教学教授姊崎正治，因为杜威造访日本正是应东大之邀，开办学术演讲。此外，还有闻讯赶来的记者。根据第二天的《万朝报》，杜威对记者讲的原话是："这次能够到日本来，我感到非常愉快。目前暂定驻留两个月。演讲的题目和次数尚不清楚，不过我眼下正在研究伦理学，应该还是想讲讲这方面的内容吧。"

杜威对自己的日本之行显然没什么头绪，日本记者对杜威似乎也谈不上熟悉，那一天的新闻，标题竟然是"堂堂六尺"，开篇形容杜威身材高大，略微显瘦，篇末则说杜威是和德国人"Eucken"齐名的大思想家——一直到"二战"结束前，日本都以德国为楷模，德国思想在日本影响至深。因此，对记者而言，介绍这位刚刚抵日的美国哲学家，借用一个德国人的名字似乎更显得有架势。不过，这位中文译作"奥伊肯"的德国哲学家，到今天大概已经不怎么为大众熟知了吧。

杜威这趟行程显得有些仓促，也是可以理解的。爱丽丝患有抑郁症，身体一直不好，杜威想带妻子出来散散心，恰好又获得了哥伦比亚大学的休假，索性走得远一点，到远东来。日本很早就有了留学欧美的队伍。时任兴业银行副行长的小野荣二郎曾在密歇根大学取得博士学位，杜威当时就在那里任教。事实上，杜威和爱丽丝也是在密歇根结识的。小野荣二郎知道杜威夫妇即将来访的消息，便请企业家涩泽荣一提供赞助，由东大出面，延请杜威举办学术讲座。这对当时经济并不宽裕的杜威而言无疑是好消息，但也使得这次学术演讲来得有些突然，更何况，杜威夫妇对这个东方国度实在是太陌生了。

不过，陌生往往能创造出新鲜感。抵日后的杜威夫妇一直在给美国家中的子女们写信，讲述自己的见闻，而且幸运的是，我们到今天还能完整地读到这些信件。刚刚踏足日本的杜威夫妇把他们满腔的惊奇和赞叹都倾泻到了家信中。例如，10日下午，杜威夫妇就去了上野公园，也见到了公园里供奉德川家康的东照宫，杜威用"壮美"来形容这里。东照宫前有一长排日式石灯，杜威禁不住玄想，等到夜晚，这成百上千的石灯将给夜晚带来怎样一种幽魅的景象。3月的女儿节就要来了，日本商店里开始展出各式人偶，有身着传统服饰的天皇与皇后、仆人、宫廷女子，精美之极，让杜威爱不释手。杜威甚至惊叹日本人将商店的服务业发展到了何等水平，遇到下雨的时候，每位顾客都会得到鞋套。他不由得向子女们调侃，"在芝加哥雨天泥泞的时候，如果能有这个，那将是多大的一个进步啊"。

杜威夫妇在东京帝国酒店住了一周,之后借住到老朋友新渡户稻造的家里。这位新渡户稻造是日本近代史上一位非常著名的人物,5000日元纸币上的头像一度就是他。他早年留学约翰·霍普金斯大学,和杜威的长兄戴维斯·杜威是同学。1911年,他作为日本代表访美,杜威就曾专门出席他的演讲。这位精通英语还娶了一位美国太太的日本人用英语写成了一本《武士道》,最早试图搭起日本和欧美在文化理解上的桥梁,有兴趣的读者不妨读读商务印书馆的汉译本。新渡户稻造的家是一个社交圈子,留美归国的日本人往来很多,而且还有像新渡户太太这样的美国人在,杜威夫妇交流起来无疑方便得多。

在这样一种环境中,杜威觉察出了一些很值得玩味的细节。3月2日的一封信里,杜威提到自己参加了一场晚宴。晚宴的主持人说,留美的日本人,在自己的国土上讲起日语就会暴露出日本人缄默而拘谨的传统性格,反倒是讲起英语来,大家可以少一些拘束。而且杜威听朋友说,办这场晚宴的地方是东京唯一一处可以真正意义上自由社交的地方。杜威敏锐地觉察出,美国回来的留学生,在日本似乎很有些水土不服。

但水土不服的,其实又何止这些曾经的留学生呢,杜威自己的理论在日本也面临着同样的处境。从2月25日开始,一直到3月21日,每周二和周五,杜威在东大的演讲都定期召开,共计八回,总题为"现在哲学的位置——哲学改造的若干问题"。开始时一切都显得很融洽,东京城内多所大学和师范学校的老师们,还有普通的学生们,合计超过一千人云集在讲堂里。但是到了3月5日,杜威就在家信里写道:"我现在已经举行了三次演讲。他们真是很耐心的民族,还有很可观的听众,大概五百人左右。"等到了月末的最后一讲,人数已经不足四十了。不少当事人回忆说,当时请的翻译不算好,在很大程度上阻碍了大家对杜威的理解。不过,幸好杜威在东大的讲稿不久之后就整理成了一本名为《哲学的改造》的小册子出版,它的中文版就收录在今天华东师范大学出版社《杜威全集》的第12卷中。稍稍比照下杜威的原始讲稿和当时日本的学术氛围,还是不难想见,杜威以及美国实用主义哲学在日本的折戟沉沙又岂是简简单单的一个翻译问题呢?

杜威一上来就讲,从来被奉为正统的古希腊哲学,在古希腊社会里是自由人的专职。供养着这群自由人的奴隶,则只有工作的义务,没有思想的权利。从一开始,哲学就被视为一种脱离于实践之上的理论问题。换言之,理论与实践是分离的。美国实用主义哲学的一大要素,就是试图融合这种分离。这便是杜威所讲的,新的哲学理论要重新去探究人是如何认识这个世界的,人是如何在一个环境中建构起自己对世界的理解的。所谓科学,就是这样一种探究的行动,而不是去占有一个永恒不变的真理。杜威在教育学上的种种探索,其实也是以这样一种认识为基础的。

然而这种理念在深刻浸润了德国思想传统的日本学界是很难找到共鸣的。日本近代最知名的哲学家西田几多郎去听了一讲,后来曾对人表示很失望。内村鉴三等人也有类似的感受。学者高坂正显后来说,在日本,所谓学术,当然就被认为是脱离于一般生活的东西,这种要和实际生活融为一体的思想在日本很难找到认同。事实上,杜威的演讲可能反而巩固了日本教授们长年来的一个印象:哲学这种东西,还是适合逻辑严密的德文和擅长沉思的德国人;至于美国人,连文化都谈不上,何谈哲学。

还有一个制度性的问题,前人倒是很少注意到。日本的教育学,真正作为一个有学问内涵的大学学科成立,迟至1919年,也就是杜威抵日的那一年。历来所谓的"教育学",只开设在师范类学校,而相应的师资,往往是帝国大学里哲学专业的毕业生。换言之,教育学是个学术地位很低的学科,哲学专业的学生毕业后就足够应付了。杜威兼有哲学家和教育学家的身份,在这个时候面对着日本听众其实是很尴尬的。教育的话题讲多了,哲学系的听众觉得掉身份;哲学讲多了,教育学的师范生又觉得太玄远。在日本泾渭分明的一道线,杜威却尴尬地踩在了中间,两头都不讨好。更何况,他讲学的东大是日本首屈一指的帝国大学,也是德国哲学研究的核心阵地,东大教授们的反应不难想见。相反,日后热切回忆起杜威这次讲座的人,往往多出自当时的东京师范学校。

不难想象,东大的演讲没有收到预期的效果,还是让杜威有些失望的。不过,这样的事情对一个学者而言实在是再正常不过了,何况是在一个语言、思维、文化都截然不同的东方国度;更何况,杜威眼前依旧是日本周到的礼数、丰盛的宴会和瑰丽的自然风光,他完全没必要将这次难得的机会浪费掉。3月后,杜威在各地出游的频次明显多了起来,而且这个时候他在中国的学生胡适已经发来信函,请他在结束日本的访问后顺道去中国看看,待两三周,再回美国。杜威答应了,自然也想在离开日本前尽可能地多看看。正是靠着这样的机会,他们夫妇俩越来越多地走出东京的圈子,走出留美日本人构成的圈子,也越来越多地接触到了更为普通的日本社会。

杜威在这过程中明显感觉到了日本民族主义的抬头。往小了说,当时有一种所谓"神代文字",被炒得沸沸扬扬。一些人在传统神社的建筑上发现了一些符号,认为这是在中国汉字传来之前就有的日本本土文字，以此来证明日本文化从来独立于中国文化，这更和当时宣扬的日本天皇"万世一系"牵扯到了一起，成了一个敏感的话题。杜威没有受这种宣传的蛊惑，他在家信里清楚地记下："几个木匠看了这种东西，然后解释说，这只是很常见的建筑记号罢了。"其实，这也是今天语言学家的公论，神代文字背后的政治意图，一望可知。往大了说，日本军部的动态也一直在杜威的视野之中。一方面，日本加紧了对韩国殖民地的压制。当时，在韩国近代史上意义深远的"三一运动"已经爆发了，很多小道消息都传到了杜威这里。有人说，韩国的老国王是自尽的，以阻挠日本贵族和韩国王室的强制婚姻，韩国民众对此充满了激愤。在京都，星期天的早晨，杜威听见了木屐踩在街上吧嗒吧嗒的声音，那是好几百名男女学生，跟着老师去车站，为军队送行。这一批批的日本军队，不是开往韩国，就是开往满洲。另一方面，日本国内的压制也越发明显。1919年本是明治宪法颁布三十周年，但一位德高望重的法学家却耻于立宪主义长年得不到发展，不愿出席纪念大会。很显然，宪法已经无法对天皇和军部的权力产生制约了。在当时的日本，女人是没有政治权利的。杜威和日本友人喝酒的时候，有个艺妓就被人指指点点，因为她想让人们给她钟意的一个男子投票，却被投入监狱，罪名是干预政治。等到被放出来之后，人们就称呼她为"宪法"，嘲笑她，调侃她。这也足以见出宪法在日本的地位已经跌落得何等厉害了。

　　杜威明显意识到，明治维新以来狂飙突进的日本"如此迅猛地跻身于第一流的国力，以至于在许多方面都毫无准备"，殖民政策下的对外扩张和天皇制下的对内集权成为了他们维系这样一个国家的唯一选择。这成为了他的一个忧虑。也正是出于此，当天皇要给这位访日教授授予旭日勋章的消息传来时，他郑重而礼貌地拒绝了。

时间过得很快，杜威这种朦胧的认识还处在萌芽状态，他们预定滞留日本的时间就该结束了。4月28日，杜威夫妇在神户搭上"熊野丸"号，驶出濑户内海，向上海的方向行进。

船舱里的杜威，心情或许会随着大海的波涛起起伏伏吧。他还不清楚在中国的具体行程，也不清楚自己的演讲能否受到中国人的欢迎，他甚至有些担心，自己准备的钱并不多，不知道能在中国维持多久。按说就在中国待两三周，那么之后就要返回美国，又得准备在哥大的授课了。

很多年后，当年迈的杜威拿出他在中国拍下的众多照片以及收获的众多纪念品时，可能会回忆起在驶向中国的航船上那个忧心忡忡的自己吧。那时候的他还不知道，自己即将展开人生中最长的一次海外旅行，整整两年零两个月，他将行遍中国十余个省份，发表两百多场演讲，对中国的教育和思想界产生巨大影响。他更要与中国"五四运动"的浪潮融为一体，推动这个东方古国迈向现代历史，等待着他的，将是"他生命中最有意义和最为愉快的时光"。

第六辑

一问一答

教师研修,既是义务,也是权利:对话古贺一博教授

(2019年3月21日,日本广岛大学古贺一博教授到访北京师范大学。古贺教授是个精力非常旺盛的人,做过日本的小学、初中和高中的校长,又常年从事教育管理领域的研究,兼具实践经验和理论素养。五十岁以后,他深觉中国发展太快,还从零开始,跟着留学生学中文。难得能在北京见到他,我和他聊起了近年来他比较关心的一些日本教育改革动向。)

问:您近些年好像很关心日本的"教师研修"问题?

答:的确如此。现在日本国立大学的附属学校,有一个越来越重要的使命,就是要成为"教师研修"的基地。昨天我去了北师大

广岛大学古贺一博教授

的附属学校,优秀的教师济济一堂,进行一些有实验性的教学,编制一些比较超前的课程,确实是非常优秀的。日本的国立大学附属学校固然也要承担这样的任务,但近年来,国家越来越多地要求我们将公立学校中水平不见得那么高的教师也吸纳进来,在共同教学的同时,达成"教师研修"的目的。从这个角度而言,前者可能更为容易,而后者究竟能不能完全实现,我是有担心的。

但话又说回来,国立大学附属学校存在的一个使命,确实就是在课程开发之外,提高全国公立学校教师的整体水平。培养和锻炼出优秀的师资,确实也是题中应有之义。

问:那么,说到底是教师能力提升的问题?

答:最近,日本开始变革教师的"工作方法",其原因在于教师负担太重,基本上没有自己的时间,更谈不上自己学习的时间。我和身边的教师们聊天,他们都说"太忙了!太忙了!"我就感到非常担心,这些教师每天的自学时间能够得到保证吗?如果教师连自我学习的时间都得不到保障，我们的教学质量如何得到提高呢？

当然，教师也是多种多样的，有些教师确实责任心比较低。所以我们国家才设定了"教师研修"制度，要确保所有教师都必须接受最低水平的能力提升教育。

问：教师研修从制度上如何设计呢？

答：提升教师能力最有效的，是在校内进行研修，这一点中日学者都比较认同。为了保障校内研修，就需要确保教师能够有进行自主、独立学习的条件。日本的法律有个特征，一般的公务员有"研修"的义务，但作为一种特殊公务员的教师，在日本法律中，"研修"对他们而言既是义务，也是权利。我个人认为这是一个非常独特、非常好的设计。正是依靠这种制度设计，许多教师才有机会主动申请，他们的研修活动才能得到承认。有些教师可以一边保有工资，一边到大学研究生院来进修。当然，这种方案听上去极为美好，但国家财政不会是无限的，所以并非所有教师都能如此。不过目前，只要自己愿意承担学费，日本的教师都可以进入大学进修了。有些大学专门为这样的教师创设了新的"教职研究生院"。

问：您对此如何评价？

答：我对这套制度并非完全认同，也并非完全批判。日本的整体社会，尤其日本的政府是不太满意目前的教师培养体系的。总有很多人说，一些念了大学的人教不好课，没有实践的能力。固然，培养实践能力很重要，但其实，研究能力是实践能力的基础。对自己眼前的孩子的状况进行独立地分析，思考其中存在的问题，针对这一问题检讨已有文献资料，并在已有文献中见出不足，针对这一不足，以自己的摸索创造出新的知识，在我看来，这就是所谓"研究"的基本内涵。如果一个教师没有这样的研究能力，只是一味模仿一些人们称赞为优秀的教师，其进步一定是有限的，而且终究无法超越之前的优秀教师。唯有独立的思考和研究，才能塑造出好的教师。中国的师范大学培养出的学生也并非所有人都走上研究岗位，很多人要从事一线的教学工作，但有没有这样的研究能力，将会在很大程度上决定一个教师的视野和前景。而且说起来，"研究"这个日语词，只是一个缩略的日常用语，在日本的教师相关法律里，它被写作"研究"和"修养"。换言之，对一个教师而言，提升研究能力，提升自我修养，是应尽的义务。在很多年以后，我见到了一句话，觉得非常契合这层意思，那就是北京师范大学的校训——"学为人师，行为世范"。

广岛县立上下高中前校长小川英夫访谈

（我到日本广岛大学念博士没多久，研究室就新添了一位白头发的硕士新生。从别人那里知道，这位当时刚满60岁的小川英夫同学，不久前从高中校长的位置上退下来，到这里来重新开启学习时光。现如今，他已经硕士毕业，正在接着念博士，勤奋地展开自己的研究工作。我觉得，有必要和我的这位同学聊聊他自己的人生经历，看看会给我们带来什么样的启示，也让我们得以一窥，一位曾经的日本乡间普通高中的校长，一直在忙碌些什么，思虑些什么。访谈时间在2018年。）

问：能介绍一下您念书时候的情况吗？

答：我并非广岛县人，而是出生在邻近的山口县。就像现在的首相安倍晋三也是山口县出身一样，我们这个县，从明治维新以来

前高中校长、博士生小川英夫

就政治家辈出,很多人成为政府的核心成员。但山口县里没什么大城市,也没有什么大的企业群。因此,优秀的学生为了施展自己的才华,往往倾向于选择大城市里的知名大学就读。当地有一所国立的山口大学,但其前身是经济专科学校,并非帝国大学那样的综合性大学。初中也好,高中也好,老师们都和大家说,努力吧,考到那些优秀的大学里去。

当时,国立大学的学费相当便宜,在我前面两三年的前辈,一个月只需要1000日元。到我那时候,一个月3000日元,一年下来也就36000日元。因此,进入知名国立大学,是高中生的第一目标。

指导我那届高中毕业班的老师有句口头禅:"不甘心的话,就努力学!"因为输给了朋友或者竞争对手,从而感到不甘心;或者因为被双亲或者老师斥责,从而感到不甘心的话,那就努力学习,拿出优异的成绩,给自己争口气。我当时理解的是这个意思,这当然是老师鼓励所有人都拿出力气去学习。话虽如此,不是谁都能像自己所想象的那样把成绩提高。虽然我们当时已经是很有学习氛围的高中了，但是因为大家是高中生，所以各种运动会和活动，也得积极参加。当时学校里大概十分之八都是男生，因此班级之间的体育比赛、运动会之类非常盛行。

我那个时候，国立大学和私立大学的学费要差出来两位数，因此很多高中生以著名国立大学的强势本科专业为目标，变成"浪人"（相当于中国的落榜生）的也不在少数。以高考为目标、指导学习的地方叫作"预备校"。当时，在预备校里的学生也非常之多。我经常听说，有些人当了好多年的"浪人"，终于考进了知名国立大学的医学专业。我在高中毕业的时候，报考北海道大学失败，做了一年"浪人"才进入了九州大学。

问：那您之后工作的情况呢？

答：从九州大学的文学部毕业之后，我没有想过做老师。大学毕业之后，在广岛市内的民间企业工作了两年，因为我有高中的教师资格证，因此从企业退出之后，又在一家知名的学习塾（相当于课外补习班）里工作了半年，然后考入了县立高中，经过半年试用期，才被正式聘用。

我先在广岛市内的大规模高中工作，之后到一所小岛上的小规模高中，也曾经有两年时间，外调到日本外交部的附属机构工作。外调的后半年是在加拿大多伦多的事务所里工作。回到日本后，我到广岛县立教育中心，作为指导主任工作了五年，这是在职教师的研修中心。之后的三年有多次调动，一所叫作中坚的普通高中、广岛县警察学校、夜间学校、进学校（多数毕业生都要考入好大学的高中），我都工作过。退休前的三年，一直在广岛县北部一座规模不大的"县立上下高中"担任校长。

总的看起来，给高中生进行授课的教师生涯只占我整个职业历程的三分之一的时间。因此，我做班主任，陪孩子一直到毕业的经历，只有两次而已。那种一定要在县内争取第一、二名位置的进学校里的授课经验我没有，较之于学习上的指导工作，我更多的时间都用来指导学生们出现的各种各样的问题。

我体验过市内的大学校，也体验过岛上的小学校，还有夜间学校、山里的学校等，因为地域差异而造成的学生、家长的性格差异，我都能感受到。随着时代变化，以前那种严格的指导越来越不行了，怎么维持教师、学校的指导力，推动学生成长，成了我花费很多心思的事情。

问：您做校长的时候是什么样的经历？

答：2012 年 4 月，我就任县立上下高中的校长。在此之前，2006—2009 年，我在别的学校还有三年的副校长经验。

上下高中是广岛县东部山里的学校。过去因为是交通要塞，故而十分繁华。学校是地域文化的中心，高中里曾兼有普通科、农业科、家政科，是很大规模的学校。然而到我赴任的时候，已经是一个一学年只有一个班级的小规模学校了。如果继续这样，废校的可能性是很高的。最头疼的问题是，从当地初中升上来的毕业生不过几个人而已，当地人都觉得，这所高中是要没了吧。如果不能得到当地的支援，高中继续存在的可能性就会更低。毕竟曾经也是名门高中，就这样没了，对当地而言也是极大的损失。因此，我的目标是要让上下高中拥有对当地而言不可或缺的价值。

为了将上下高中教师的教学能力展示给周边几所初中，到了暑假和寒假的时候，我会让教师举办一些模拟授课，从而缩短初中生和我们高中的距离感。同时也和当地人一起组建了一些让地域生活活跃化的团体，让学生们积极参与当地的活动。几年前废止的城市运动会复活了，借着这股潮流，我也把暌违了42年的上下高中运动会重新举办了起来。虽然是总人数不足100人的运动会，但得到了当地人的许多关心，支持我们学校的人也多了起来。

还有一件偶然的事情，我赴任的那一年，著名的广岛县立商业高中棒球队里的一位老师转职到这里。对日本高中生而言，有棒球队的高中是很有魅力的。于是我们学校就在这位棒球教练的指导下，成为了棒球少年的聚集地。以前，在公开比赛中我们还没胜过，今年有了第一次胜利。今年全县的夏季和秋季比赛，我们还在淘汰赛里获胜了。

我们还把上下高中的官方人偶注册为商标，改善学校形象，积极参加当地各种活动。将一些活跃当地氛围的语言印制成宣传海报，张贴在街道中。很多人对学校的印象改变了，对这些海报积极回应的人也有很多。

赴任的第二年，我们和当地年头很久的酿酒厂一起，贩卖贴有上下高中标识的日本酒。这是数量不多的特卖品，很短的时间内就销售一空。

40多年前，我们当地就把菖蒲选定为市花。但是，城市里栽种菖蒲的地方不多，很难见到菖蒲。因此，我决定在上校高中的校园里栽种菖蒲，并且把培育出来的幼苗分送给当地的小学、初中。现在已经栽种了三年了，菖蒲长势良好。

此外，我还将上下高中发生的种种变化都告诉地方以及全国性的报纸记者，得到了广泛报道。报纸之外，地方的杂志也来采访。

两者合起来，一年会有二三十次关于我们学校的报道。这些报道中也有一部分是关于我们学校和中国高中的合作活动。

通过这类活动，随着上下高中的变化，越来越多的当地学生升入我们学校，全校的学生数也在持续增长中。

我工作的这些年，有一些学生的话在我心中印象很深。我在指导一位学生的时候，他觉得乡下小规模学校的教师，力量太弱，因此有些看不起。他说"我想要一种让自己有学习动力的指导"。日本的学生当中，有一些人已经渐渐开始认为，学校教育也是自己的选择的一种服务。我想，他是希望学校提供一种服务，以治疗他这种没有动力的感觉。电视里常常播放一些广告，私立的补习班已经越来越接近一种给你加油鼓劲的地方。在我想来，这代表着日本的家长和学生之间对教育逐渐改变的一种印象。只是当这种印象直接从学生们嘴里说出来的时候，我还是有些惊讶。这已经有些颠覆长期以来师生关系了。一方面，学生自己想要学习的动机越发薄弱了；但另一方面，这种学习的动机和冲动，不是自己的责任，而变成了他人的责任，这一点确实意味深远。

问：听说上下高中和中国一直有联系。能介绍一下吗？

答：我们学校所在的上下町的企业，从20年前起就在中国浙江经营缝纫工厂。上下町和浙江省平湖市一直有交流。我们有让平湖市职业中等专业学校日语专业的毕业生到日本大学升学的活动。当时，我们设置了课程，让中国学生到上下高中二年级学习一年，然后升入冈山县的私立大学。这套体系持续了十年，近来随着接待中国孩子的日本家庭日趋高龄化，出现了一些困难。我赴任的时候正是这套课程的十周年。有一些年轻的家庭愿意接待中国孩子，我们也要努力解决高龄化的问题。

每年有三名中国的高中生过来。第十年来的三名学生，希望考入国立和公立大学。我的前一任校长给他们教日语，我也每周花两三个小时教他们日语。英语则托付给英语老师。日语现在还存在一些问题，我赴任的那一年没能做到三人全部日语1级合格，但是在大学生升学方面取得了突破性进展。一人考上了冈山大学，一人考上了尾道市立大学。之后考上县立广岛大学、下关市立大学的同学都有。在我们这里的学生能考上国立和公立大学，这个消息传到中国之后，希望到上下高中来留学的学生数再度增加。听说还有一些学生以日本的难关大学为自己升学的目标。

我赴任的时候正值交流十周年，中日两校都举办了纪念仪式。我作为校长，也去了中国。支援上下町中日交流的许多朋友也去了。中国这一方，历任校长和交流活动的相关负责人也参加了仪式。在上下高中留学的学生也参加了活动，并且为我们翻译介绍平湖市职业中等专业学校校长的致辞。从前的留学生，也强调了这种交流的价值。当时新闻都有所报道。

现在，每年也还有从我们学校升学、考入公立大学的中国学生。

问：您在退休之后选择考入广岛大学研究生院，请问是为什么呢？

答：我60岁退休之后，决定考入研究生院，有几个原因。有主要原因，也有次要原因。

现在，广岛县内的公立学校教员，在65岁之前，只要本人有意愿，均可以返聘。如果有校长、副校长之类的经验，再延聘的可能性也是有的。做过校长的人，大约十分之二，会选择延聘，继续担任校长。副校长要少一些。这是因为日本人的退休金从65岁就开始支付了。过去，60岁退休就能获得国民退休金。因此，退休之后本没有什么工作的必要。然而随着日本人平均寿命延长，高龄人口增加，日本的公共退休金越发困难。退休金支付年龄从61岁抬升到了65岁，而且支付额度也减少了。随着年轻人口的减少，将来这个趋势可能还会更甚，总之还在商讨中。

越来越多的高龄人口，身心都还处在健康状态。因此，人们也希望这样的高龄人口继续工作，从而减少全国的社会保障费用。相较于退休之后长时间无所事事，在社会上从事一些工作，对这些高龄者而言，也是比较有意义的。现在，退休之后漫长的人生要怎么过，成了日本人很重大的一个课题。

退休的时候，退休金逐年减少，如果身体还算不错，工作一下也是理所当然的事情了。在我退休的前几年，有校长履历的人找一份相应的工作还不算太难，但到我那个时候，已经不太容易找到理想的工作岗位了。因为这个原因，我的想法发生了改变。我想重新进入研究生院学习，再找一份能干到70岁的工作。我在做本科生的时候，就想过考入研究生院，此外，中学的时候，也曾经朦朦胧胧想过将来做一个以研究为业的专家。这样，就算是将自己长期的梦想变为了现实。除了以上原因，就是我接下来想要介绍的我自己的研究内容，这决定了我应该到研究生院里来。

问：能介绍一下您博士论文研究的内容吗？

答：超过30年的教师经验中，我常常能感觉到教师的语言和行为之间的深刻矛盾。我试着举几个例子。

● 对一般的教师而言，教师组织提出的主张会成为大家判断正误的依据。然而，并不是说大家遵照这些依据，就能认识到现实生活中出现的种种错误，有时候大家只是被动服从规则，不去判断正误的倾向而已。

● 为了实现自己认为正确的主张，将其强加在学生身上，这种倾向一贯都很明显。在学生面前，强调自己观点的正确性，造成一种很难让学生反驳的局面。

● 反复强调自己的主张，对反对者进行单方面的压制，完全变为自己权力欲的扭曲表现。

● 最后，学校成了单方面主张被强制贯彻的场所，这当中是有问题的。

我将这种日本教师言语和行为之间的矛盾问题视为一种教师文化，并且认为它已经体现在日本战后（1945年8月）的混乱之中了，因此我研究的是1950年代初期日本教师的动向。战后初期，有好几次所谓"教职专业化"的讨论，追求一种高度专业化的教师岗位，然而即便到了21世纪的今天，教师仍旧难以被日本社会承认为一种高度自律的专门职业。

在战后，教师的政治主张基本来源于教育界外部的政治势力。日本教育界通过对战前教育的反省，已经否认了政府对教育的干涉，然而其他政治势力对教育的干涉并未被禁止。这个问题，从战后初期就能见到相关表现。我想要通过对战后初期的研究，探索教师文化的形成过程，并且和专业化的问题联系起来，探讨一下如何实现教室中一个又一个保持高度自律性的教师。

问：明白了，谢谢您接受我的访谈，预祝您博士研究顺利。
答：不客气，请多多指教。

广岛县立上下高中登记注册的官方人偶"あやめちゃん"。

积雪的时候,自主进行扫雪工作的学生。

学校校园

栽种在校园里的菖蒲,后面是体育馆。

暌违42年的学校运动会。

日本的女子大学：
对话山田直之副教授

（现在任教于关西大学的山田直之副教授，曾长期在神户女子大学任教。他和我师出同门。当年念书的时候，即便在日本同学当中，他也是极为勤奋的一位，而且德语、英语都颇为流利。中国很少有"女子大学"，但我身边有很多朋友都通过日本的电影、小说，知道日本有女子大学的存在。因为缺乏比照，许多朋友都觉得女子大学很神秘。难得自己有熟识的朋友在那里就职，就通过对他的访谈，来一窥日本女子大学的究竟。对话发生在2018年。）

问：日本的"女子大学"是在什么样的社会背景和观念之下产生的呢？您所就职的神户女子大学有什么特别的历史吗？

答：在接受高等教育之前，一个人必须经历初等和中等教育。日本在1872年才实现了人人皆可上学。明治政府肇始的学制下，女子也获得了受教育的机会。不过，从现实来看，女孩的就学率一直比男孩要低。1904年，超过90%的女孩接受了初等教育，但升入中等教育的只有6%，进入高等教育的几乎没有。

有人认为，导致这种现象的首要原因是男女教育的分离状态。明治政府的成员大多是旧武士阶层，他们还因袭着幕府时代的儒家男女观。儒家的男女观认为，女性的学习内容是要限定的，由此产生了所谓"贤妻良母"的观点。所谓贤妻良母，即女性的理想形象就是整理家务、生育小孩、教育小孩。换言之，好的妻子和贤惠的母亲，是女性教育要实现的目标。在这种男尊女卑的背景下，对女性进行知识方面的教育就被认为是不必要的，甚至是有害的。

日本最早的女性高等教育机构是初创于1901年的日本女子大学。其创始人成濑仁藏在那样一个认为女性教育有害无益的年代，写下了《女子教育》一书，从"作为人的教育""作为妇人的教育""作为国民的教育"三个方面陈述了女性高等教育的方针。这是日本这方面探索的开端。

另一方面，还有一类注重实用之学的女性高等教育机构。我所在的神户女子大学的前身是神户新装女学院。这个学院是1940年诞生的，为的就是让"二战"中的阵亡士兵遗孀、遗孤实现自立。为了让这些在战争中失去丈夫或者父亲的女性变得自立，同时，也希望培养出一些能对社会有所贡献的女性，神户新装女学院是从洋装裁缝教育起步的。1966年学院改制为大学，后来又开办幼儿园，开设营养师课程，现在是一所有3000多名学生的大学，这种实用之学的理念仍是延续不断的。

问：女子大学的课程有什么特点？

答：女子大学课程设置以学科为基准，这一点和其他大学并无区别。不过，学校创始人行吉哉女"重视每一个学生"的教育理念在一些地方还是能够窥见的。例如，在2018年度，我们学校的师生比是1∶18.9，相较于日本私立大学平均1∶23.4的数值，我们明显能够给学生提供更充足的帮助。此外，日本有所谓"粉色职业"的说法，即从业人员中女性比率较高的职业，例如幼儿园和中小学教师、图书馆馆员、心理师、营养师、护士、博物馆馆员，这些资格证书都能在我们学校获得。

此外，一开始令我个人感到吃惊的是，这里学生和教师的距离非常之近。我所在的教育学专业里，教师为了方便学生，将自己的研究室完全开放的例子并不算少。例如，一位教师的研究室里有饮水机和咖啡，想要进行研讨的学生可以在那里以放松的姿态进行自主学习。她们说："在图书馆学习固然不差，但是在这里可以像在家里一样进行学习。"教师的研究室里还有很多珍贵的"遗产"，例如历年教师资格证书考试的题目、往届毕业生求职的记录和毕业论文等。教师在工作的时候还会被学生频频搭话，这对教师而言无疑是一种负担。不过，提供这样一种学生随时可以向教师提问的环境，就是为了让学生们感受到学校"重视每一个学生"的传统。

问：在生活方面，女子大学又有什么特点？

答：简单地说，女子大学的生活空间更漂亮，更整洁。我们学校不是培养"大小姐"的，而是培养在社会上能独当一面的女性。穿过大门就是一个巨大的喷水池，大学里还有一个很漂亮的自制自贩的面包店。学生宿舍就像酒店一样漂亮，不仅有休息室，还有钢琴房、防范设施和宿舍管理人员。日本的大学生一般都是自己在校外租单间公寓住，而学校宿舍的单间是一年60万日元（约合36000

人民币），两人间是30万日元，考虑到学校地处神户，已经算相当便宜了。

问：一般而言，什么样的高中生会选择到女子大学就读呢？

答：日本大多数女子大学都有自己的附属初中、高中，因此，很多人就像坐电梯一样升学上来了。这当中有一些是出于家长的意愿。可能家长自己就是毕业于女子大学的，想让女儿体会一下"女性之间全无拘束的学生生活"的魅力。在过去，有一些家庭会想着"在嫁人之前不能交上糟糕的男朋友"，因此让孩子一直念女校。如今还有这种想法的家庭恐怕濒临灭绝了吧。不过，现在还是有不少家长持有"我的孩子还要专注于学业为好"的理念。尤其像神户女子大学，45%的学生都来自其他县，最北的北海道和最南的冲绳都有。很多女孩都是第一次和农村的双亲分开，一个人开始生活，家长自然会有担心。为了消除家长的不安，学校才建设了学生宿舍，对那些想要出去租房住的学生则会推荐住宿地点。很多来自地方的高中生会想着"念大学的时候就要去大城市"，不过，家长坚决不允许孩子在城市里一个人租房住的案例也非常之多。

问：女子大学中，男性教师似乎也不少呢？

答：日本的大学，一直以来都保有一种研究机构的身份。强调大学在教育方面的功用，在日本其实是最近才有的事情。神户女子大学固然有实用之学的传统，但是作为一个研究机构的身份依旧很重要。因此，在招募教师的时候，常常会添上一句"期待有博士学位者"，而女性想要获得博士学位，还是有更多的困难。在日本的大学里，女性研究人员的比例在2016年的时候尚且不足25%。女子大学中男性教师偏多，主要源于此。神户女子大学也和其他学校一样，近年来强调教师不得骚扰学生。不过，在女子大学，即便是男教师，一般也感觉不到师生之间的距离感。正如我在前面所介绍的那样，现在很多教师都和学生构筑起了全新的教育关系。

后 记

这本小书，主要基于过去五年间我每月为《教师月刊》杂志撰写的专栏文章，增补添益而来。这五年间，因工作和生活而奔波的日子多，但每个月到了要为杂志撰写小稿的时候，我都会郑重其事地把别的事情先放一放，构思文章，查阅资料，而后动笔。撰写这些教育随笔，是我每月的节日。因为正如施克灿老师在序言中所说，中日之间太需要真正的理解与交流了，而自己作为曾经的留日学生，有义务做一些微小的贡献。

日本教育有其自身的优长，而且这种优长不是停留在纸面上的，而是落实在日常的细节中的。因此，我在书里写到了日本的校长怎么和孩子们共进午餐,写到了疫情之下日本学校怎么用博客记录孩子的成长轨迹,也写到了日本为防范青少年犯罪而制作的海报。我想用这些具体而微的例子,将日本教育工作者那些细腻的心思呈现出来。教育不是抽象的,终究要面向非常具体的一个个孩子,而为孩子花的心思,大体都不会白费。

不过,没有任何一个国家的教育是完美的,日本教育同样面临着诸多问题。我在随笔中想尽可能地调动自己的亲身经验,将这些问题的特征讲清楚,也将它们的来龙去脉解释一番。例如,日本分权化的教育行政模式在新冠疫情下的进退维谷,"少子化"下日本学校的废弛与重组等。实际上,随着近些年中国社会的急速发展,曾经严重困扰着日本教育界的许多问题,已经开始在中国教育中现出端倪了,其中如"少子化"问题,带给中国教育的挑战就非常尖锐。我始终相信,日本的这些经验教训,对我们而言是宝贵的财富。看看日本教育的过去,有益于中国教育的未来。

自己并非日语系科班出身,也未曾接受过比较教育学的学科训练,下笔写这些随笔,也就是抱着一种朴素的、为了中国教育好的信念。在日本的教育学重镇广岛大学,我在丸山恭司教授的指导下度过了美好的四年博士时光,也得到过很多人无私的帮助。我想，自己应该以某些方式，回馈这个世界。实际上，早年间毕业于广岛的李建勋、齐璧亭等北师大老一辈学者正是我的楷模。

感谢施老师为小书赐序。感谢恩师郑国民、刘勇和曹卫东。感谢教育史学科内张斌贤、孙邦华、周慧梅、周洪宇、田正平、刘正伟、刘立德等师长的关爱。我还要特别感谢我的外公刘德模，他是一名参与过"沙场秋点兵"的退役军人，但对我留学日本一事却没有半分芥蒂，始终只鼓励我不负青春，要做出点真的研究来。

校改这本书的一年间，恰恰是我的小朋友"小花卷"从孕育到出生，到渐渐长大的一年。现在，每每当他肥壮的小手要霸道地扯下我的眼镜时，我都知道，糟了，今天又没法工作了。这是我每天的忧愁，也是我每天的快乐。希望"小花卷"未来能够知道，他的爸爸的一切工作都是为了一种更好的教育，为了包括他在内的更多孩子的未来。

刘 幸

2022 年 9 月 22 日于宇品